「戦争経済」に突入した世界で日本はどう生きる

グローバル経済終焉後の安全保障とエコノミー

国谷省吾

徳間書店

平和とは一切の敵意が消滅することである。

イマヌエル・カント『永遠平和のために』より

まえがき

去年はバラが咲いた。

ことしもバラは咲くだろう。

人はそう思いたい。

ウクライナの人々もそうであったはずだ。

ウクライナの人はバラが大好きだ。

しかし、頭上にはミサイルが降り注ぎバラの花はことごとく砕け散った。

楽しく家族とテレビをみて団欒できていた時代。

そのテレビで国民が爆笑する人気者のコメディアンが現実の大統領になった時、危機は忍び寄った。

そのコメディアンの売り芸は下半身でピアノを弾くこと。

その「堕落ぶり」にその登場に怒りを煮えたぎらす男がいた。

隣国ロシアのプーチン大統領だ。

怒りはミサイルとなって降り注いだ。

独裁者の怒りが爆発すると、世界の市民生活は恐怖のどん底に堕《お》とされる。

今はそんな時代になりつつある。

「超・冷戦」の時代。

ロシアと中国の独裁者が手を組んで平和な市民生活を脅かす。

そういう時代が到来した。

多少のいざこざはあってもみんなで仲良く商売できた「グローバル経済」の時代は終わったのだ。

「冷戦」時代はソ連の独裁者だけを相手にすればよかった。中国は経済力が弱かったためアメリカになついていた。

しかし、中国に経済力がつき核兵器をたくさん作り独裁ぶりが激しくなった。そのロシアと中国がスクラムを組んで平和な市民を恫喝し始めた。

「ここは俺の領土、領海だ。出て行け」

そのスローガンを旗印に、自分たちの領土や領海の要求が通らないとミサイルや戦車を繰り出してくる。あろうことかロシアの独裁者と仲良くなり、アメリカを叩き潰そうとする。

「超・冷戦」の時代では相手はロシア一か国だけでなく、中国も加わり二か国との同時対決となる。

このことは私だけが思っていることではなさそうだ。

アメリカの有名なジャーナリストも言い出している。

ニューヨークタイムズ記者でピュリッツァー賞を受賞した有名なデービッド・サンガー氏は、

その名もずばり『新冷戦』（New Cold Wars／未邦訳）という本を米国で2024年4月に出版した。

まさにロシアの侵略と中国の台頭という新しい冷戦が始まっているというのだ。

中東のテロリストや北朝鮮の独裁者もその仲間に加わり、アメリカの仲間の日本やヨーロッパをも叩き潰そうとする。

日本が戦争に巻き込まれる危険度は冷戦の比ではない。

だからここでは、「新冷戦」ではなく「超・冷戦」と呼ぶ。

冷戦を超える危機が日本を襲うからだ。

それが2024年以降〝大戦争〟が始まる恐怖のシナリオだ。

当然、平和なグローバル経済の夢は破れ、戦争に備えた経済のルールが台頭する。

この大きな時代の裂け目に私たちはいる。

しかし、恐れてはいけない。

この危機にこそ発展の歴史的なチャンスが門戸を叩いている。

1949年の中華人民共和国の成立。

1950年の朝鮮戦争。

この時を境にアジアに冷戦が生まれ、日本は世界二位の経済大国に大発展した。

今も同じではないだろうか。

ロシアと中国という二つの大国が核兵器で世界を恫喝し、「超・冷戦」の時代が始まった。

日本はこの「超・冷戦」時代の危機をチャンスに切り替え、歴史的な発展を遂げる日が来るだろう。

その理由は本書を読んでいただければわかるはずだ。

いつまでも昔のグローバル経済の夢はみていられない。

ウクライナ戦争は大きな教訓となる。

私たちがこの危機に挑戦すれば、来年もバラは必ず咲く。

２０２４年６月

国谷省吾

目次

3章　日本の半導体はアメリカ軍へ　81

装幀／鈴木俊文（ムシカゴグラフィクス）
図版作成／浅田恵理子
写真／時事、ＡＦＰ＝時事、ＥＰＡ＝時事、
ＳＰＵＴＮＩＫ／時事通信フォト、
中国通信／時事通信フォト、
ｄｐａ／時事通信フォト

1章

「中国・ロシアと大戦争、変わるアメリカ」

——超・冷戦時代

1節　中露同時戦争の時代・米議会の提言

●戦争の脅威、グローバル経済の後退

2024年以降、世界情勢はどのようになるのだろうか。

二人の世界的〝有名人〟は次のように言う。

一人はアメリカのドナルド・トランプ前大統領。自身のSNS「トゥルース・ソーシャル」などで、「世界は第三次世界大戦の危機が迫っている」（2023年10月11日）と危機の到来を繰り返し訴える。

もう一人はアメリカの現大統領ジョー・バイデン氏。公開のネット番組などでロシアによるウクライナ侵攻に絡んで、「第三次世界大戦の危機を回避しなくてはならない」（2022年5月4日）と主張する。

さらに、スペースXやテスラCEOのイーロン・マスク氏も、「第三次世界大戦のリスクが急速に高まっている。地域紛争は急速に世界規模の紛争になる」（2023年10月23日）と言う。

トランプ前大統領は「この危機を救えるのは私だけだ」とも付け加える。

トランプ氏が救えるかどうかはわからないが、世界で軍事紛争が多発していることは明らかだ。そしてマスク氏の警告通り、地域紛争は世界規模の戦争に発展しかねない。

これは戦争を煽っているのではなく、現実の世界が第三次世界大戦前夜の様相を呈してきているということだ。前職、現職の米大統領が同じように第三次世界大戦の危機を訴えているのが現在の世界だ。

戦争の危機は絵空ごとやテレビ画面の出来事ではなく、足元にひたひたと押し寄せている。

これからはビジネスも生活も激変する。ビジネスは投資効率ばかりで進められなくなっているようだ。金よりも大事なものはひとりひとりの人間の生命だ。命を奪われてまでお金がほしいと思う人は誰もいない。

第三次世界大戦の危機を訴えるトランプ氏

この当たり前のことが、美辞麗句で装飾されたグローバル経済の化けの皮をはがしていく。

グローバル経済は何よりも投資効率を優先する。安い資源や品質の高い部品、安い労働力を求めて国境を越えて投資する。しかし、その**投資先が自分の国の安全を脅かす国だったらどうするのか**。

しかも、携わるビジネスが、祖国を脅かす敵国を豊かに強大にさせることにつながるとしたら、どうするのか。

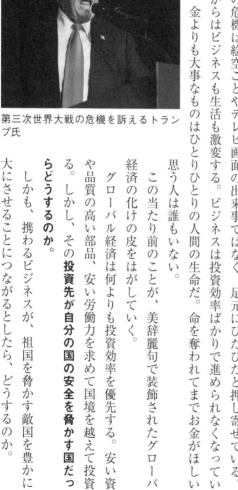

これからのビジネスはこうしたことを考える比重が増してくる。そして経済行為も投資効率より安全保障を優先して選択するようになる。

それが戦争経済の始まりであり、新しいルールとなる。「グローバル経済」が終わり、「戦争経済」の時代が始まる。

もちろん、安全保障を考えず利益だけを優先して問題がなければ、投資効率最優先のグローバル経済のルールに従っていればよい。

だが、自国の平和や領土を脅かす国が力を増してきたらどうなるだろうか。

投資効率を優先するグローバル経済のルールは後退する。

安全保障を重視する戦争経済のルールが重みを増してくる。

今の世界は控えめに言っても、この二つのルールのせめぎ合いの真っただ中にいる。

これまで、世界は最強の軍隊を持つ米国が多くの国の安全を保障し、そのうえで安心して世界各地で投資できるよう利益優先のグローバル経済を拡大してきた。しかし、世界最強の米国の軍事力を脅かす国が台頭してきた。その先頭を走るのが中国やロシアで、北朝鮮やイランが追随して周辺国を脅かしている。

かつての「冷戦」は米国が核大国のソ連一か国と対峙していたが、今やロシアと中国という二つの核大国の脅威と対峙しなければならない。その意味で、冷戦を超えたさらに大きな脅威に直面する**「超・冷戦」**の時代に入ったといえる。

●中露同時核戦争の準備を・米議会で提言

第三次世界大戦の危機が叫ばれる中で、２０２３年10月に米国議会で驚くべき提言が発表された。

それは中国、ロシアという二つの核大国の脅威に米国がどのような態度で臨むか、その大方針を示した「米戦略態勢軍事報告書」（以下、米戦略報告書。写真参照）と呼ばれる議会報告書だ。その大方針はずばり、「米国は中国とロシアの同時戦争に備えなければならない」という過激な内容で、米議会の戦略態勢委員会が発表した。日本ではほとんど報道されていない。

2023年10月に米議会で発表された「米戦略報告書」

この提言では、米国がロシアと中国を同時に抑止するためには核戦力を近代化し、同盟国と協力して軍事力の増強を求めている。

アジア太平洋地域の戦術核兵器にまで言及するおどろおどろしい内容で、世界に与えた衝撃は大きかった。なぜなら、世界最強の米国もオバマ政権以来ずっと、中国やロシアのうち主に一か国を相手に戦う体制を整えてきたからだ。それが一か国でなく、ロシアと中国を同時に相手にする大戦争の準備を呼びかけたのだ。

しかも、通常戦争ではなく、核戦力にまで踏み込み、その準備を呼びかけた。つまり、**中露二か国に対し核戦力を使って同時に抑止するという内容**だ。

その提言では次のように警告を鳴らす。

「国際環境は暗黒の冷戦時代を含め、これまで経験したような状況とはまったく違ったものになった。アメリカは二つの核大国の脅威という、これまで経験してこなかった事態に直面している。しかもロシアと中国は軍事力による国際社会の現状変更という野心を抱いている」

まさに後世の歴史家は、米国の戦略の大転換をすすめた歴史的な宣言と評価するかもしれない。これがただの議員の私的なグループの政策提言であれば問題はなかった。だが、米議会の戦略態勢委員会とは、れっきとした権威ある米国連邦議会の正式な委員会だ。米連邦議会が米国の安全保障を再検討するため設けた党派を超えた特別な委員会で、それぞれ民主党議員6人、共和党議員6人のメンバーが参加した。

しかも委員長には核戦略で高名なマデリン・クリードン元国防次官補が就任。副委員長のジョン・カイル元上院議員は共和党切っての軍事専門家であり、ベトナム戦争の英雄であるジョン・マケイン上院議員の後継者だ。その委員会が米国に迫る新たな脅威を指摘し、米国の通常戦力と核戦力の大転換を提言した。

この米戦略報告書では、「米国と同盟国は、中露両国を同時に抑止し、打ち負かす準備をしなければならない」と言い切る一方、その対立については「米国主導の（自由・民主主義体制を基軸とした）国際秩序」が「中国とロシアの権威主義体制によって危険にさらされている」と価値観の闘争にまでなっているとの見方を明らかにした。

「価値観を巡る闘争」にまで踏み込めば、それはお互いが簡単に譲れない深刻な対立ということになる。冷戦後のロシアと改革開放路線を進めた中国は、グローバル経済の優等生だった。その両国が今や米国を挑発する時代になった。この二大核大国に、圧倒的な軍事力で対抗することを求めているのだ。

ロシアのセルゲイ・ラブロフ外相も第三次世界大戦が起これば、「核戦争以外にない」と公言しているが、この核大国に対する米国の戦争宣言といっても過言ではないだろう。

米議会を代表する軍事専門家による、米国の戦略転換の提言だけに影響は大きかった。それは、現在の米国の核兵器と通常兵器の戦力はロシアと中国の二か国軍を抑止するのに十分だ、というバイデン米大統領の立場を真っ向から否定するものだったからだ。それ以上に、グローバリズムの拡大が自動的に世界に平和と繁栄をもたらすという米国の国家戦略を、根本から覆しかねない内容だった。

これまで米国はグローバル経済と民主主義を世界に拡大すれば、「自動的に平和で公正な世界が創られる」というグローバリズムを進めてきた。しかし、事態は全く違った方向に動いているのだ。**グローバル経済で強大になった中国とロシアが、グローバリズムの鬼子**となり、米国主導のグローバリズムに反旗を翻している。

米国外交の立役者であり、親中派の巨頭、ヘンリー・キッシンジャー元国務長官ですら、今やそれは「冷戦後の楽観的な思い込みだった」（キッシンジャー著『国際秩序』）と反省するが、その時期は遅すぎたかもしれない。この両国の反乱は今や米国一か国では手に負えないほど大きくなっている。

●新「悪の枢軸」発言・米戦略報告書が影響

米戦略報告書は、米国の各方面に大きな衝撃を与えている。

米国政治の中心である米連邦議会では、この戦略報告を受け中国やロシアの脅威を敷衍《ふえん》した新「悪の枢軸」論議が活発になっている。

そして、米国で副大統領に次いで三番目の大統領権限の継承職であるマイク・ジョンソン米下院議長（共和党）は、就任直後の２０２３年10月のインタビューで「**共産中国、ロシア、イランが新・悪の枢軸であり、戦争に備えなければならない**」と警告した。

「悪の枢軸」という言葉は、ジョージ・ブッシュ大統領がイラク戦争を発動する前の２００２年

1月の一般教書演説で、北朝鮮やイラン、イラクを米国主導の国際秩序に敵対する国として非難した際に使用した。今回の新「悪の枢軸」は、イランや北朝鮮よりもはるかに軍事力の大きい中国とロシアを名指ししたことになる。

まさに米戦略報告書が示しているロシアと中国が新たな「悪の枢軸」に昇格し、この二大国への大戦争への備えを呼びかけている。

しかもジョンソン下院議長は新「悪の枢軸」の脅威に対して軍事面だけでなく、経済活動まで糾弾した。中国の脅威としてジョンソン下院議長が挙げたのは、

新「悪の枢軸」を非難するマイク・ジョンソン米下院議長

①中国による米国の農地買収
②中国による米軍基地周辺の土地買収
③中国による米国企業の買収

などだ。日本では堂々とまかり通っている中国による国土や企業買収を、安全保障上の「脅威」と断定した。

ジョンソン下院議長は、「今や連邦政府、州政府、市政府各レベルで法的に対処しなくてはいけない」とまで呼びかけ、さらに矛先をバイデン政権に向け、中国の好き放題の買収を「放置している理由がわからない」と批判、中国の米国での買収禁止令の制定まで示唆している。

この流れをみると、米国内では、**中露同時核戦争に打ち勝つためには、両国のビジネスまで規制する段階**に至る可能性がある。これが安全保障を重視する戦争経済のルールの発動である。米国で起きていることはやがて日本でも起きるだろう。

さらに米政界では、米議会の重鎮、共和党のミッチ・マコーネル上院院内総務が吐露した本音も話題になった。

2023年10月、テレビのインタビューで、「中国とロシアとイランは悪の枢軸であり、米国にとって脅威だ」と米戦略報告書を支持した。そのうえで、「新『悪の枢軸』による脅威は緊急事態だ。今日の世界は、**これまでの私の人生でもっとも危険に晒されている**」と最大限の警戒感を示した。

マコーネル上院議員は御年80歳を超える高齢議員で、旧ソ連との冷戦時代の戦いを知りぬいた古参議員。その彼が長い経歴の中で、中国とロシアによる「新・悪の枢軸」が最も危険だと吐露したので政界関係者に波紋を呼んだ。

この米戦略報告書がこれからの米国に影響を及ぼすのは必至であり、日本の政治や経済に大きな影響を与えそうだ。

そして、この米戦略報告書の最大の特色は、中露同時戦では「同盟国の役割」が強く求められていることだ。強大なロシアと中国を相手に米国が戦争で勝利するには、米国一か国の力では無理であり、「同盟国の協力が必須」としている。ロシアと中国の二つの国を相手に勝利するには、日本など西側諸国は貿易や投資、軍事体制を大きく変えなければならないということである。

つまり、兵器の開発や軍備の増強、供給など、あらゆる面で米国は同盟国に緊密な貢献を要請していくことになる。

アジア太平洋地域で米国と強力な同盟関係にある国（日本、フィリピン、韓国、オーストラリア）は当然、これまで以上に米国の戦略大転換に対応していかざるを得ない。

経済のルールも、これまでの投資効率を最優先するグローバル経済から安全保障を重視する戦争経済のルールに移っていく可能性が高い。世界経済のルールが、これからはグローバル経済のルールから戦争経済のルールに激変していくというのは、米国で安全保障戦略の大転換が始まっているからなのだ。

●欧州でも大戦争の準備始まる

この安全保障戦略の大転換は欧州でも始まった。

就任したばかりの英国の国防長官グラント・シャップスは、2024年1月、ランカスターハウスで「平和の配当の時代は終わりました。私たちは**5年以内にロシアや中国、イラン、北朝鮮という国々の脅威に直面する**恐れがあります」と演説した。「平和の配当」とは、戦争の危機が去り、軍備から経済に重心が移ることを指す。旧ソ連と対立した冷戦後の「平和の配当」が終わり、今後、ロシアや中国の軍事的な脅威に直面することになると危機感を露わにした。

さらに、「我が国の軍隊がモスクワや北京からの侵略を阻止できるほど強力でない場合、それは小さな戦争となるのではなく、大きな戦争になるだろう」と語り、侵略阻止のための軍事力増強への理解を求めた。ロシアと中国への同時戦争を訴えた米議会戦略態勢委員会の米戦略報告書とまるで同じ基調だった。

シャップス国防長官はさらに、「私たちはこの新しい時代の幕開けに立っており、ベルリンの壁は遠い記憶になりました。そして私たちは一周して、戦後から戦前の世界へ移行しているのです」とも語った。英国の大戦争準備宣言ともいえた。英国のこうした宣言は、1982年のフォークランド紛争当時でもなかった。

欧州の集団安全保障を担うNATO（北大西洋条約機構・米欧州中心に32か国が加盟）軍の国防相会議が、2024年1月18、19日にブリュッセルで開かれた。この国防相会議で、NATOのロブ・バウアー軍事委員長は居並ぶ加盟国の国防相たちに、「ルールに基づく国際秩序が大きな圧力にさらされており、力の地殻変動が起きています。その結果、私たちはここ数十年で最も危険な世界に直面しています」、そして、「NATOの戦争遂行能力の変革が必要となっています」と訴えた。

眼前にロシアの脅威を直視し、NATO諸国に太平の眠りから決別し、大軍拡の決意を迫っている。中国軍の脅威が日常化しても「遺憾」と抗議するだけの日本政府とは雰囲気がまるで違うのだ。

そして「同盟国は『有効性を重視』し、より多くの演習、産業界とのパートナーシップ、厳戒態勢の軍隊で防衛準備を強化する必要がある」と付け加え、「**平和を望むなら戦争に備えよ**」と結んだ。

2節 択捉島から核の恫喝――「2トラックストライク作戦」極秘始動

●プーチンの反発・強まる中露軍事連携

もちろん、米戦略報告書については批判的な意見も数多く出ている。

主に米国のビジネス界を中心に、「米軍需産業の手先のものだ」「軍事中心で経済は破滅する」など、強烈な反発がある。ロシアや中国とグローバルなビジネスで巨富を得てきたハイテク業界やIT業界でも、米戦略報告書について「中国とのビッグビジネスの障害以外の何物でもない」と切り捨てる。

そして何よりも、同報告の内容に最も反発しているのがプーチン大統領だ。

ロイター通信は2023年10月に、次のように報じている。

「ロシアのプーチン大統領は、米議会の超党派委員会がロシアと中国に対する同時戦争に備えるべきだと提言したことについて『ナンセンスだ』と一蹴した。ただ米国がロシアと戦おうとすれば、ウクライナにおける戦争は『完全に異なるレベル』に移行するだろうと警告した。

米議会の戦略態勢委員会は10月12日、米国は核保有国のロシアと中国との同時戦争に備え、核戦力の現代化と通常戦力の増強を進めるべきだなどとした報告書を公表した。

これを巡りプーチン氏は、『われわれは平和を欲している』と強調した上で、『ロシア、中国と戦うなどはばかげており、真剣だとは考えられない。単に互いが威嚇し合っているということだと思う』と述べた。

プーチン氏は『核保有の超大国同士の戦争となれば、話は全く違ってくる。まともな思考の持ち主なら、そんなことを考えるとは思わない。だが本当にそうした考えが彼らに去来するなら、われわれに警戒心をもたらすだけだ』と説明。米国など西側がロシアに戦いを仕掛けるならば、ウクライナでの戦争はこれまでと様相が全く違ってくると付け加えた」（ロイター通信、2023年10月15日）

プーチン大統領は、中露同時戦争の準備を呼びかけた米戦略報告書について、「ナンセンスだ」と一刀両断に切り捨てる。そして自らのウクライナ侵略を棚にあげ、「われわれは平和を欲している」と主張し、平和勢力であることを誇示している。それこそ「ナンセンス」な主張だ。

軍人トップ同士が固く握手・ロシアのショイグ国防相と中国の張副主席（2023年11月）

これは共産圏の元首が、ソ連の大虐殺者スターリン以来堅持してきた伝統のスタイルによく似ている。自らを常に「平和勢力」と主張し、抵抗する勢力を「侵略者」と断定する。

しかし、残念なことに現実の政治の動きは、米戦略報告書の予測の正しさを証明するような事態が相次いでいるのだ。

米戦略報告書の警告をせせら笑うかのように、2023年11月8日、中国軍制服組トップの張又俠・中央軍事委員会副主席（主席は習近平）がロシアを訪問。会談したプーチン大統領は張副主席を歓迎し「両国の軍事分野の協力は重要になっている」と世界にアピールした。ロシアと中国は、米国が懸念する軍事的な連携を強める姿勢を露骨に示したともいえる。

プーチン大統領は「両国は冷戦時代のような軍事同盟は形成してない」と米戦略報告書の指摘を牽制しつつ、ハイテク分野での軍事協力を協議したという。張副主席はロシアのショイグ国防相（当時）とも会談し、軍事的な協力関係について話し合った。

中国は2023年10月に李尚福国防相が更迭されるなど習近平による粛清の嵐が続くが、それでも新たに就任した董軍・新国防相は年明け早々の2024年1月31日、ショイグ国防相とオンラインで中露の軍事強化について協議を進めている。

●欧州の鼻先で戦術核兵器配備か――プーチンの新戦略

実際、ロシアは動き出した。プーチン大統領が新しい核恫喝戦略に打って出たのだ。

ロシア国防省は2024年1月4日、バルト海沿岸の飛び地カリーニングラードで、短距離弾道ミサイル「イスカンデル」の訓練を実施したと発表した。

「イスカンデル」はロシア軍が誇る弾道ミサイルで、核弾頭が搭載できる。このミサイルはロシアと米国が締結したＩＮＦ（中距離核戦力全廃）条約に違反するといわれる。

ＩＮＦ条約とは中短距離のミサイルを廃棄する条約である。

1987年に当時の米国のロナルド・レーガン大統領とソ連のミハイル・ゴルバチョフソ連共産党書記長の間で結ばれた。この条約で、米ソ両国は射程が500キロから5500キロの範囲の核弾頭、及び通常弾頭を搭載した地上発射型の弾道ミサイルと巡航ミサイルを廃棄することを約束した。

しかし、最新のイスカンデルM型は射程500キロ以上で、明らかにINF条約に違反したミサイルだ。このイスカンデルM型がカリーニングラードに配備されれば、ドイツの首都ベルリンは十分射程に入る。欧州側は、これまでこのイスカンデルの配備は欧州への直接の脅威になると反対してきたが、その懸念が踏みつぶされた格好だ。仮に核弾頭を搭載すれば欧州の主要都市を一瞬で破壊できるわけで、欧州諸国の危機感は高まる。

もちろん、プーチン大統領は核弾頭を搭載したイスカンデルを配備したと発表したわけではない。ただ、これまでプーチン大統領はウクライナ戦争で「ロシアは最強の核大国の一つだ。われわれに攻撃を直接加えれば壊滅は免れず、悲惨な結果となるのは明らかだ」と核兵器使用の恫喝を繰り返してきた。

この威嚇はロシア軍をウクライナ戦争で勝利させるため、欧米諸国の直接的な軍事介入を阻止するのが狙いだった。その狙い通り、核兵器の威嚇に怯えたNATO諸国は、ウクライナ軍を直接支援する軍隊を派遣できず、通常兵器の支援しかできない状態が続いている。

核兵器の恫喝は成功している。有効だ。核兵器は死んだ兵器ではなく、使えない兵器でもない。

欧州が恐れる核弾頭ミサイル「イスカンデル」

プーチン大統領の恫喝はそれを証明した格好になった。

ウクライナ領に攻め込んだロシア軍は開戦劈頭《へきとう》、西側主要国の支援を受けたウクライナ軍に反撃され戦線を後退させられた。しかし、追い込まれたプーチンは恐ろしい手段に打って出た。

２０２３年６月、欧米諸国の支援を受けたウクライナ軍が勢いを取り戻すと、プーチン大統領は戦術核ミサイルを急遽、隣国のベラルーシに持ち込んだ。ロシアから欧州により近いベラルーシに核ミサイルを移転することで、明白な核兵器の恫喝になった。

ウクライナへの軍事支援でロシア軍が劣勢になれば、プーチン大統領がいつまた核兵器の恫喝に出るかわからない。次の一手は、欧州大陸の中にあるロシアの飛び地カリーニングラードに核兵器の発射場所を前進させることだ。

そしてプーチン大統領は２０２４年1月、その一歩手前まで進んだのだ。

●日本の北方領土に核配備か・米イージス艦小樽入港の理由

この脅威は欧州だけではなかった。何と日本にもひたひたと迫っている。

北海道の目の前にある北方四島に、ロシア軍がカリーニングラードと同じく、戦術核ミサイル「イスカンデル」を持ちこもうとしている。

日本では報道されていないが、著者の情報筋によると米国防総省がこの動きを密かに察知し、ロシア側に機密軍事ルートを使って警告を発したという。軍事的な緊張が欧州からアジアにまで広がりかねないのだ。

米国防総省は日本の防衛省以上に北方四島の動向に最大限の警戒を払っている。北方領土から500キロも離れていない場所に、在日米軍航空基地、三沢航空基地があるからだ。「米軍を狙ういかなる行動も容赦しない」と、米軍の決意は明快だった。

ウクライナ戦争で戦力不足に陥ったロシア軍は、すでに北方領土に展開したミサイルを撤去したはずだった。

地対空ミサイル「S300V4」を装備するロシア軍ミサイル部隊は、択捉島中部の単冠湾《ひとかっぷわん》と、国後島中部にある古釜布《ふるかまっぷ》近くに駐屯していた。しかし、米軍による衛星情報の解析で択捉、国後両島に配備していた複数の地対空ミサイルがロシア本国に移送されていたことが明らかになった。ウクライナ戦争への動員と兵器不足にあえぐロシアが、ロシア全土から兵器をかき集めており、北方領土のミサイル部隊撤収もその一環とみられた。

その兵器不足のロシアが、なぜまた北方領土に核を搭載できる「イスカンデル」ミサイルを配備するのか。それは日本の戦略的な環境が激変したということだ。

日本は今やバイデン政権の進めるウクライナ戦争支援に全面協力し、ロシア軍侵攻にとって大きな障害になりつつある。少なくともプーチン政権は、安倍政権から岸田政権になって日本の対露外交は一変し、敵対国に変わったと判断している。さらにバイデン政権の圧力で、日本からウクライナ軍への支援が物量とも急増しており、これを戦争行為とみなし始めている。

つまりウクライナ戦争で勝利するためには、日本も核の恫喝で抑え込む必要があるとプーチン政権が判断したとみてもおかしくはない。

ロシアの核ミサイル基地になるか、日本の領土・択捉島

こうした中、米国防総省が密かに注視している男がいる。プーチン大統領の側近といわれたメドベージェフ前大統領だ。

ロシア前大統領のメドベージェフ安全保障会議副議長は2024年1月30日、北方四島と千島列島に新兵器を配備することを明らかにしたと、タス通信が伝えた。

これに対し、米軍は直ちに示威行動を示した。

米軍は2月5日、第七艦隊所属のイージス艦「ラファエル・ペラルタ」を北海道小樽港に入港させた。日本のマスコミは物資の補給や乗組員の休養が目的だと表向きの理由だけを報じたが、軍事関係者でこのような「間抜けな発表」をそのまま信じる人は少ない。

「ラファエル・ペラルタ」は排水量が9万6484トンの大型駆逐艦で、巡航ミサイル「トマホーク」を多数搭載した第七艦隊切っての最新鋭のミサイル駆逐艦だ。明らかに北方四島に核ミサイルを配備するロシア軍への対抗措置であり、戦闘に備え海路や気流の確認、物資の手配などを進め、いつでも迎撃できる準備態勢に入ったのだ。

実は米軍で密かに練られている攻撃計画がある。

小樽に入港した米海軍最新鋭のイージス艦「ラファエル・ペラルタ」

「2トラックストライク作戦」といわれる極秘作戦だ。

米軍は小樽港以外に北海道の苫小牧港にも着目しており、この二港を有事の際に利用する。二港とも水深が深く総排水量8000トンクラス以上の大型イージス艦が寄港できる。この二港に精密誘導弾満載のイージス艦をそれぞれ配備して、小樽港、苫小牧港双方の海域から精密誘導弾を択捉島などの戦術核ミサイル「イスカンデル」基地に発射、一瞬で撃破するプランだ。北方四島に展開される戦術核ミサイルを瞬時に攻撃する態勢を米軍は整えているのだ。

日本に切腹を勧めるメドベージェフ氏・大陸間弾道ミサイル「トーポリ」の発射実験を視察

ロシアの安全保障会議副議長を務めるメドベージェフは、2024年1月11日、自身のSNSで、ウクライナが米国や（日本など）その同盟国から供与された兵器でロシア国内にあるミサイル基地を攻撃した場合、ロシアは核兵器で反撃する可能性があると警告した。

核の使用をちらつかせ、威嚇する狙いがある。この恫喝は欧州だけではなく、日本にも向けられているのだ。

米戦略報告書が予測した危機は日本列島にも襲い掛かっている。

これが2024年以降に始まる「超・冷戦」時代の恐怖の真相の一つなのだ。

3節 学ぶ習近平、悪の枢軸国・三正面作戦の大陰謀

●中露核爆撃機の共同飛行――対馬沖からでも東京を狙える

すでに中国は、ロシアと共同で日本に対して核恫喝による軍事行動に打って出ている。それはロシアと中国が、共同作戦で核戦略爆撃機を日本近海まで飛ばした軍事威嚇行動だ。この共同飛行作戦に参加する中露の爆撃機は年々増加しており、2023年12月には13機もの大軍で飛来した。時事通信はこう伝えている。

「防衛省統合幕僚監部は2023年12月14日、中国とロシアの爆撃機計4機が日本海から東シナ海にかけて長距離の共同飛行を行ったと発表した。共同飛行は6月以来。両国の戦闘機なども合流しており、政府は示威行動を意図したとして、外交ルートを通じて両国に安全保障上の重大な懸念を伝えた。

同省によると、共同飛行は14日午前から午後に行われ、東シナ海から飛来した中国軍の爆撃機2機が、日本海でロシア軍の爆撃機2機と合流。4機は対馬海峡上空を抜け、再び東シ

2023年12月14日、日本周辺で中国軍と威嚇行動をとったロシアの爆撃機（TU95）と戦闘機（SU35）〈防衛省統合幕僚監部提供〉

ナ海まで飛行した。その途中、戦闘機や電子戦機、哨戒機など計13機が加わった。ロシア国防省などは『合同パトロールを行った』と発表している。

航空自衛隊の戦闘機は、緊急発進（スクランブル）して対応に当たった。空自機への危険な飛行や領空侵犯はなかった」（時事通信、２０２３年12月15日）

ロシア政府の「合同パトロール」などという言葉に騙されてはならない。それは参加した爆撃機をみればわかる。中国が「轟炸六型（Ｈ－６Ｋ）」爆撃機。ロシアが「ツポレフ95ＭＳ」爆撃機だ。両機とも空軍の主力爆撃機であり、最大の特色は核弾頭を搭載できる戦略爆撃機であるということだ。

しかも護衛戦闘機を付けての編隊飛行となれば、これは「合同パトロール」などではなく、「対日爆撃の予行演習」と見るのが軍事の常識だ。特に「轟炸六型（Ｈ－６Ｋ）」が搭載する核爆弾は、投下式の爆弾ではなくミサイルに装填され、より危険な核兵器となる。その対地巡航ミサイル「長剣」は、射程が２０００キロにも及ぶ空中発射式の核ミサイルである。

東京上空に飛来しなくても２０００キロ離れた上空から主要都市を核攻撃できる。対馬沖からでも東京や大阪に向けて核ミサイルの発射が可能だ。したがって日本上空の領空侵犯をしていないから安心、などということではない。

重大な懸念を口頭で伝えても、中露両国はせせら笑うだけだ。というのも、この「合同パトロール」はこれまでも何回も繰り返されている。そのたびに政府は口頭で「重大な懸念」を伝えるものの、一向におさまらない。むしろ回数が増え参加する爆撃機も増える。危ういのは威嚇演習に日本が慣らされてしまうことだ。むしろ中国軍はそれを狙っている。そしてこれが演習ではなく、いつ本番の発射になるかはわからないのだ。

これが2024年以降に起こるだろう「超・冷戦時代」恐怖の真相シナリオだ。

●経団連「揉み手」外交の末路

「脅せば、脅すほど、すり寄ってくる国。それが日本です」

ある中国の元外交官はこう対日外交の秘訣を筆者に打ち明けたことがある。

それはそうだろう。これだけ中国空軍機が日本の領空侵犯を繰り返し、中国本土では日本の大手企業の社員をスパイ容疑で逮捕、拘束する。そうした野蛮行為を重ねても、それを咎めず揉み手でビジネスの機会提供を懇願する。そして挙句の果てには、「パンダを貸与して下さい」と公人が訪中してせびる始末だ。日本の一般大衆に大人気のパンダを賃貸する国は、日本人ビジネスマンをスパイ容疑で拘束し、日本の領海、領空を軍艦や戦闘機で毎日侵犯を繰り返す国なのだ。

中国がパンダを使い、敵国にパンダブームを巻き起こし取り込んでいくのは常套手段だ。米国では「パンダ・ハガー（Panda Hugger）」、パンダ抱きつき派とでも訳せばいいのだろうか。骨の髄までしゃぶられた親中派の人士への別称だ。まさにこの言葉通りだ。

中国にパンダを依頼すれば、友好感情に配慮して中国が軍事威嚇をやめるのだろうか。


２０２４年1月23日に、日本の経団連首脳ら経済人２１０人もの大型代表団が、北京を訪問した。コロナ禍もあり、4年ぶりの訪中だった。25日には経団連の十倉雅和会長らが中国の李強首相らと会談をする「栄光に恵まれた」（関係筋）、おめでたい訪問だった。

そこで、日本側からは日本産水産物などの過度な規制の解除や、日本への短期ビザの免除などを要請したという。

それで何か収穫があったのだろうか。「（李強首相に）会えただけでうれしい」というのではあまりにレベルが低すぎる。

交渉では、お互いの譲歩を引き出さねばならないが、李強首相からは前向きな対応はなかった。しかも現地の夕食会で代表団に提供された刺身は、当てつけといえるスペイン産の輸入魚だったという。想定外のおもてなしぶりだった。

挙句の果てには、訪中団が日本に帰国すると中国政府は当てつけたかのような措置を取った。中国政府は1月28日、相互主義を理由にタイに30日以内の短期滞在ビザの免除を発表。その後は同じアジアのシンガポールにも短期ビザ免除の措置を打ち出したのだ。「日本外し」を露わにした格好だ。

第二次安倍政権が発足したとき、安倍首相はある財界人から、「かつてのような中国を刺激する外交はおやめなさい。我々は安倍さんを支持できなくなります」と、警告を受けたという。経済界の安倍内閣支持と引き換えに、中国への「揉み手外交」を勧めたのだ。果たしてご本家の「揉み手外交」の成果は出たのだろうか

結果は、グローバル経済を押し立てた経団連の民間外交の敗北だった。まさにグローバル経済の衰退ぶりを見せつけたものになった。

経済人210人とともに北京を訪問し、中国の李強首相と会談する経団連の十倉会長（2024年1月25日）

かつて中国の軍人上がりの楊尚昆国家主席（1988〜93年／鄧小平体制下）はこう言った。

「国は強くなければならない。弱ければ叩かれる」

相手が弱い。相手が抵抗しない。そう思うから、さらに軍事の威嚇をエスカレートするのだ。その基本理念を中国は忠実に実行している。

●日本への武力行使近づく――「キシダは何もできない」

実際、中国の日本への武力行使のタイムリミットは確実に近づいている。

「直ちに立ち去りなさい」。中国海警局の艦船が2024年1月から、沖縄県・尖閣諸島周辺の日本の領空を飛行する自衛隊機に対して、中国の「領空」を侵犯する恐れがあるとして退去するよう無線で警告し始めた。中国は尖閣諸島周辺の空域でも日本の自衛隊機の侵入を阻止する構えだ。

すでに中国海警局は、尖閣周辺で領海侵入や接続水域航行を日常的に繰り返し、日本の漁船を追い回してきている。この結果、何が起きているのか。尖閣周辺の海域は日本の漁船が操業できない「中国の海」と化しているのだ。

今度は尖閣の上空も、中国の戦闘機とのトラブルを恐れて航空自衛隊機を抑制させ、「自由の空」から「中国の空」になってしまうのだろうか（詳細は拙著『空を制するオバマの国家戦略』実業之日本社刊、参照）。

尖閣上空まで中国の戦闘機がスクランブルをかけてくる事態が、空中衝突の危険性を高めている。空中の接触リスクは海上の警戒活動より何倍も高いだろう。

日本政府はどうするのか。腰の定まらない日本政府は、中国を恐れて尖閣の海でも中国船の拿捕や拘束に踏み切っていない。

「キシダは何もできない。米国に行って遠吠えするだけだ」

習近平政権はそう見切っているフシがある。これまで習近平政権は威嚇のステップを上げてきた。何しろ尖閣沖の中国の違法「ブイ」を撤去できない有様なのだ。「違法ブイ」は中国軍のたくらむ機雷戦の前哨戦ともいわれる。

通常なら威嚇のステップが上がるたびに相手国も対抗措置のステップを上げる。そうした対抗措置を通して相手国による脅威のエスカレートを阻止するのが国際政治の常道だ。しかし、岸田政権はそれはしない。その弱腰ぶりが、野心に燃える習近平の挑発をさらに招くのだ。

日本の海峡である津軽海峡や宗谷海峡を2021年から中国とロシアの軍艦が艦隊を組んで何度も示威行動として通過している。これは中露海軍による将来の日本への海峡封鎖の予行演習だとまでいわれる。国際海峡の自由航行が建前だとしても、両国海軍軍艦の共同通過は穏やかではない。岸田政権からは苦言も「遺憾」砲の発射もなかった。中露両国の核爆撃機の威嚇飛行にも、「合同パトロール」だとして対抗措置一つとらなかった。ただ口頭の厳重抗議をしただけだ。

今度は尖閣上空の威力偵察だ。習近平政権が瀬踏みする通り、「キシダは何もできない」のか。尖閣上空を防衛する航空自衛隊機は、海上の中国海軍艦艇からレーザー照射を浴びせられるかもしれない。現に2022年2月、オーストラリア北部沖合の上空を飛行していた同国の哨戒機が、海上の中国軍艦艇からレーザー照射を受ける事件が起きている。

尖閣諸島上空で中国軍機による威嚇飛行の頻度が急増するかもしれない。今度はそれにロシア軍機まで加勢することが予想される。

我が航空自衛隊機のパイロットは、ニアミスは何が何でも回避しなければならない。模擬弾の発射も慎重だ。最前線の航空自衛隊のパイロットの背後にいるのは、弱腰の岸田政権だ。中国の国防省報道官は、「日本側が海や空の事故につながりかねない近距離での追跡と監視を行い、非常に危険だった」（2023年8月14日）と警告している。その危険があれば中国側は無用な威嚇行為をやめるべきだが、「中露両軍の協力は国際的な公平性と正義を共同で守るものだ」と取り合わない。ニアミスは、いつ衝突や空中戦に発展するかもしれない。その危険が迫っている。「平和は当たり前と思ってはいけない時代になった」とは、NATOのロブ・バウアー軍事委員長の警告だ。

一度、日中の戦闘機で空中衝突が起きれば尖閣上空は緊迫状態になり、中国政府は日本のすべての航空機飛来を禁止するだろう。すると、日中の軍事的な緊張が一気に高まる。

●米国を三正面の泥沼に――悪の枢軸国の大陰謀

実は日本への挑発を習近平国家主席にけしかけている男がいる。

「内憂外患」八方塞がりの習近平国家主席に日本挑発をけしかけているのは、プーチン大統領だという見方が米国防総省で浮上している。

プーチン大統領はウクライナ戦争を有利に運ぶために、習近平政権にアジアで軍事紛争を起こさせ米軍の力を削ぐよう提言しているというのだ。

これまでもプーチン大統領は習近平国家主席にロシアのクリミア侵攻の成果を何度も説いてきた。ジョージア侵攻（2008年8月）による欧米の経済制裁でロシア経済が苦しむ中、活路を求めて打った乾坤一擲の大勝負。それが2014年のウクライナ領であるクリミア半島への侵略だった。

ロシア国内のプーチン人気はうなぎ上りとなり、国内経済が悪化してもプーチン長期政権の礎となった。

習近平がプーチンの勧めにどれだけ共鳴するかはわからない。ただ、置かれた立場は両人とも似たような境遇だ。バイデン政権から対中包囲網を敷かれ、中国経済は急速に悪化していく。党内の反習近平派の動きも強まる。

これを打開するには「戦端を開く」のが最も効果的だ。中国国内は戦争ムードに沸き、習近平主席への国家求心力は高まる。反日感情は中国共産党の支配を正当化する最高の政治的資源だ。江沢民政権以来の反日運動の強化で、その種は十分国民生活の中に蒔いてある。

「米国を三正面の泥沼作戦に引きずり込め」

始まったイスラエル・ハマス戦争、米軍は対応に苦慮する。

これがロシア、中国など、悪の枢軸国の新戦略と米国防総省では警戒しているのだ。

圧倒的に強力な米軍を弱めるため、地球の多くの地域で米軍介入の軍事紛争を起こさせようとしている。その手駒として、ロシアにはイランやハマスなどのテロ組織があり、核ミサイルを誇示する北朝鮮といった手勢が控えている。こうした国々を挑発して、米国や日本を新たな軍事紛争に引き込もうとしているというのだ。すでに欧州では泥沼化したウクライナ戦争、中東ではイスラエル・ハマス戦争が起きている。

アジアにはまだない。このアジアで相当な軍事紛争を勃発させ、米軍の戦力を分散化させて弱めるというのがその狙いだ。

ロイド・オースティン国防長官は2023年10月、ロシアの侵攻を受けるウクライナとイスラム組織ハマスに攻撃されたイスラエルに言及し、「両方を支援できるし、支援するつもりだ」と、米国は二正面作戦に対応できるとの見方を示した。

しかし、この言葉に米軍の苦しい立場が垣間見える。なぜならウクライナ戦争だけでも米軍の兵器支援はすでに兵站が枯渇してきており、それが世界的に明らかになっている（詳細は2章）。現在は二正面作戦だが、この有様だ。

しかも、習近平が事を起こせば、米軍は三正面作戦に対峙しなければならなくなる。それは冷戦時代から主要兵器の数を6割も削減してきた米国からみれば悪夢だろう。

中国の解放軍若手将校の間で、「国際ゲリラ戦争」論が議論されているという。米軍による一極支配の構造を破るため、世界各地で反米キャンペーンを積極的に展開させるとともに、ドローン、サイバー兵器を使った新型ゲリラ戦争を仕掛け米軍を混乱させるという新たな戦略だ。新中国建国の指導者、毛沢東が国共内戦時代に国民党政府軍（現在の台湾野党）と戦った「ゲリラ戦略」を、現在の国際政治で応用しようというのだ。

これまでは、こうした議論は机上の空論といわれたが、サイバー兵器やドローンなどの登場で可能になった。まさにプーチンの狙う「三正面作戦」に呼応している。

イスラエル・ハマス戦争。この発端になったパレスチナの過激派組織ハマスによるテロ攻撃は、2023年10月7日に起きた。この日はプーチン大統領の誕生日といわれる。ハマスとロシアは軍事的な協力関係が深く、この戦争開始は「プーチン大統領への誕生日祝いになった」と指摘する欧州の軍事専門家もいる。果たして、習近平国家主席はプーチン大統領の誘いに乗るのだろうか。

すべてはウクライナ戦争に勝利するためのプーチン大統領の戦略だ。ウクライナ戦争を短期間で終了させ、自身の武勲にしたかったプーチン大統領だが、その目論見はバイデン政権によって見事に阻まれた。

プーチン大統領のバイデン大統領への怒りは頂点に達しているという。

冷戦外交を主導した米国の戦略家ジョージ・ケナンは、ビル・クリントン政権以来、米国が進めてきたNATO拡大について「悲劇的なミスだ」と批判した。

果たしてNATOの拡大がウクライナというロシアの隣国に迫った時、プーチン大統領はロシア軍をウクライナに侵攻させた。ウクライナ戦争が長期化するほど、プーチン大統領のバイデン政権への怒りは増していく。

2章

弾不足のバイデン、世界を強請るプーチン

——世界は新たな戦時体制へ

1節　嵌められたプーチンの怒り

●「バイデンに裏切られた」

「バイデンに裏切られた」

ロシアのプーチン大統領はこう思っているはずだと、東欧のある外交関係者は指摘する。

2022年2月24日にロシア軍がウクライナに戦車で侵攻したが、その一か月前、バイデン大統領はロシア軍の侵攻を警告した。

「ロシアはウクライナに侵攻する態勢を整えている」

そのうえで、「米国が一方的に武力行使をして、ロシアがウクライナを侵略するのに立ち向かうという考えはない」と語り、「米軍不介入」の立場をメディアで何度も明言していた。

表向きはNATO（北大西洋条約機構）に加盟していないウクライナを防衛する義務はないとの理由だが、米国の歴代政権は過去には同盟国以外に米軍を派兵したケースがいくつもある。例えば、レーガン大統領によるパナマ侵攻（1989年）などがその典型だ。

だが、バイデン大統領がしつこく繰り返すウクライナへの「米軍不介入」メッセージ。これは米国が本気でウクライナ戦争を阻止しない、すなわちロシア軍の侵攻を容認した暗黙のメッセージにも映る。なぜなら、ロシア軍の侵攻を阻止するのであれば、米軍は介入する構えを見せてロシア軍のウクライナ侵攻を思いとどまらせることができたはずだからだ。

これはプーチン大統領にとって攻撃ＯＫの誘い水になったともいえる。プーチン大統領にしてみれば、米軍の介入なしのウクライナ侵攻はまさに短期間で終わる「特別軍事作戦」になったはずだ。この**作戦は米軍不介入の前提で立てられていたのだ**。もちろん、戦争の名称を「特別軍事作戦」としたのは、国連から「侵略戦争」とされる汚名を避けたい思惑もあった。

バイデン大統領に裏切られたのか？
怒るプーチン大統領

しかし、蓋を開けてみれば事態はまるで逆に推移した。ウクライナ軍は米軍の支援を受け、すでに米軍の兵器で武装していた。加えてウクライナ軍の兵装をした米民間軍事会社の兵士までいたとの指摘もあるほどだ。典型的なのは、米国製の対戦車ミサイル「ジャベリン」で武装したウクライナ軍兵士が次々にロシア製戦車を撃破。米兵が操作するがごとく、ウクライナ軍兵士は「ジャベリン」を撃ちまくり、戦争開始1年目にロシア軍は一時撤退を余儀なくされた。

しかもウクライナ側のサイバー戦や電子戦も強く、ロシア軍の通信網は引き裂かれ、戦場の将軍クラスがウクライナ軍兵士に相次いで狙撃された。まさにサイバー戦争勝利以外の何ものでもない。

「これはまるで米軍介入と同じではないかと、プーチンは思ったはずです」と東欧の外交関係者は指摘する。

ウクライナ戦争はサイバー戦史上に残る米露対決の「本格的なサイバー戦争」ともいわれる。**現代戦争の行方を左右する「サイバー戦争」では、米軍はすでにウクライナ戦争に参戦していたのだ。**

米軍のサイバー軍初代長官となったポール・ナカソネ米陸軍大将は、米テレビ番組のインタビューでウクライナ戦争での米サイバー軍参加を認めている。

「米軍不介入」のバイデン大統領の約束を信じたプーチン大統領は、野心満々で「偉大なロシア復興」という夢を餌にバイデン大統領に嵌められた恰好になった。開戦劈頭、サイバー戦によって敵国の金融システムやインフラを破壊するというロシアお得意の「ゲラシモフ」戦略（プーチン政権のヴァレリー・ゲラシモフ軍参謀総長の提唱した軍事戦略）は、米軍の介入によって失敗を余儀なくされたのだ。

実は米国は、戦争を始める前に「米軍不介入」などのシグナルを出し、敵国の先制攻撃を誘発する軍略に出る「前科」がある。これは意外と知られていない。

１９９０年の湾岸戦争では、米国の駐クウェート大使がイラクのサダム・フセイン大統領に

「米軍介入なし」の誤ったメッセージを与えたとの疑惑が高まり問題になった（これについては拙著『空を制するオバマの国家戦略』で詳しく書いているのでご興味のある読者は参考にして頂きたい）。実際、フセイン大統領はこの大使と会談した後、クウェートに侵攻。このクウェート侵攻を国際社会は非難して米国による湾岸戦争が始まったのだ。

●「インドショック」・ウクライナ戦争で国際兵器市場に激変

この結果、短期間で終わるはずのウクライナへの「特別軍事作戦」は3年目に入り、泥沼の長期戦争になったのは周知の事実だ。

こうした中、**ウクライナの戦場は悲しいことに世界の兵器見本市**となってしまった。

ここにプーチン大統領を誘い出したバイデン政権の深い思惑がある。優れた米国製兵器の宣伝と無残に廃棄されたロシア製兵器の残骸が世界中のテレビに映し出される。ロシアが世界最強を誇った極超音速ミサイル「キンジャール」、同じく世界最強をうたうロシア製戦車「T90」や戦闘機「スホイ35」。これらの残骸映像は多くの軍関係者に対して十分なアピールとなった。

世界の兵器市場では、ロシアは米国に次ぐ第2位の武器輸出大国だった。実際の戦場の優劣こそが世界の巨額な武器セールスで物をいう。国際市場での売り上げを左右することになる。つまり、米国製兵器の優秀さが世界にアピールされれば、米国製兵器の世界市場での売り上げ急増の

ロシア軍を苦しめた対戦車ミサイル「ジャベリン」

弾みになる。

しかも現職のロイド・オースティン国防長官の前職は、世界最強の米国国防企業ＲＴＸ（レイセオン・テクノロジーズ社）の役員だ。「ウクライナの戦争を煽り、兵器を売るにはもってこいの人選だ」との指摘も米共和党から出るほどだ。

これは１９９０年の湾岸戦争でも似たような事態が起きている。湾岸戦争で名を馳せた米国製ミサイルの数々、イラク軍殲滅で華々しくデビューした巡航ミサイル「トマホーク」、イスラエル防衛で注目を集めた地対空ミサイル「パトリオット」。

これらの弾道ミサイルを製造するＲＴＸ社は湾岸戦争後、世界からミサイルなどの受注が殺到した。同社は先進国や中東諸国を中心に売り上げを伸ばし、世界最強のミサイル製造会社として不動の座を確保した。

同時に米国の国防産業にとっても、アジアや中東、アフリカで評判の良かったロシア製兵器から米国製兵器が市場を奪還するきっかけとなった。

今回、ウクライナ戦争で評判になったのは対戦車ミサイル「ジャベリン」、あるいは携帯式防空ミサイル「スティンガー」だ。今や「平和の国」日本の政治家ですら、その名前を知るほどになっている。

こうした影響で、実はウクライナ戦争で世界の国際兵器市場に大きな変動が起きていた。

「インドを取られた」

ロシア政府に大きなショックが襲った。ロシア兵器の金城湯池《きんじょうとうち》だったインドに起きた激変だ。

米国のオースティン国防長官が２０２３年6月、インドを訪問し、米国製武器の大量セールスに成功した。世界最大の人口大国インドは、冷戦時代からロシア製兵器が半分以上を占めるロシアの「金の卵」だった。その巨象インドが、ウクライナ戦争で兵器購入の軸足をロシアから米国に動かし始めている。

しかも今後、10％以上の高度経済成長が見込めるインドは、中国との対立もあり「世界最大の兵器市場」として世界の軍需産業からは垂涎の的であり続ける。

２０２３年6月のロイター通信は伝える。

インドのシン国防相と固く握手するオースティン米国防長官（2023年６月５日）

「米国のオースティン国防長官とインドのシン国防相は5日、ニューデリーで会談した。両国は防衛分野における協力強化に向け、今後数年にわたるロードマップ（行程表）を策定したと明らかにした。

米国はインド太平洋地域で存在感を強める中国に対抗するため、インドとの軍事的関係の強化が重要と考えている。また、インドのロシアへの兵器依存を低下させることも目指している。
ニューデリーの米大使館は声明で、防衛分野における技術協力の強化や共同生産を迅速に進めると説明。インドが最先端技術にアクセスできるようにするための具体的な提案や規制の見直しも行われるという」（ロイター通信、2023年6月5日）

しかもその会談で、インド軍用機に使われるGE（ゼネラル・エレクトリック社）製エンジンを現地で生産する合意も交わした。インドが外国とこのような兵器の生産協定を締結したのは初めてだという。そしてインドは老朽化したミグ21戦闘機100機を米国製戦闘機に切り替えることを検討中だといわれる。このため現在、米国のロッキード・マーティン社とボーイング社が200億ドル以上の取引を巡ってしのぎを削っている。

つまりウクライナ戦争には重大な目標があったのだ。ロシア製兵器の劣悪ぶりを世界に見せつけて、兵器市場におけるロシアのシェアを奪うことだ。

いわゆる「グローバルサウス」と呼ばれる途上国向けのロシアの兵器輸出は、米国に続き世界2位と健闘、とくにインドはトップクラスのロシア兵器輸出の市場となっていた。また、東南アジアでもロシア製兵器が多く売れていた。米国防企業はロシア製兵器の輸入国に対し、ウクライナ軍に破壊された戦車や戦闘機などの残骸写真を配り、ロシア製兵器離れを促しているといわれる。

それはウクライナ戦争支援に多忙な米国のオースティン国防長官が、この時期にインドを訪問したことに表れている。オースティン国防長官は最大のターゲットであるインド市場に、ウクライナ戦争でのロシア製兵器の惨状を手土産に切り込んだのだ。**しかも兵器を供給するということは、売り込み先の兵器市場を握るということだけではない。売り込む兵器が多くなるほど、その国の安全保障政策を握るということに近づく。**いわば「安全保障」で影響力を行使できる国が増えるということなのだ。

ここに通常の貿易セールスとは違う兵器輸出の最大の思惑がある。覇権国はこの防衛産業の国際政治上の利点を知るからこそ、懸命に防衛産業の競争力を国家あげて支援する。

一企業の決算上の利益（数字）だけで推し量れない巨大な影響力がある。

日本と米国の関係を見ても、兵器を握られる影響の大きさがわかるだろう。米歴代政権と米防衛産業が必死に多くの外国に武器を売り込む理由がここにある。その意味で、仮に**ウクライナ戦争がゼレンスキー大統領にとって不本意な形で「停戦」になっても、今回のウクライナ戦争は、米国のバイデン政権とそれを支持した米防衛産業にとっては「勝利」**だったといえる。

●兵器枯渇に喘ぐバイデン大統領

米国は兵器セールスの国際市場でロシアの力を削ぐことに成功した。しかし、肝心のウクライナ戦争が予想外に長期化して激戦になるにつれ、信じられないことが起きている。

ウクライナ軍に兵器を供給しすぎたため、米国にあった在庫が枯渇してきている。世界最大の「兵器大国」米国で起きた武器の枯渇により、自国の安全保障まで危うくなるという事態は米国史上なかったことだ。

「近年にない最大の消耗戦になっている」と米国のメディアは伝えた。世界最大の兵器生産国、米国で兵器が枯渇したことは、世界の兵器生産体制に大きな影響を与え始めている。

例えば、ウクライナ戦争以前に米軍が備蓄保有していたジャベリンは、2万〜2万5000発といわれる。その約半分の1万発以上をウクライナ戦争1年で使い果たしてしまったという。RTX社やロッキード・マーティン社が大増産しても間に合わない事態になっている。RTX社では退職した労働者まで引っ張り出して生産現場に向かわせているという。いずれにしても、増産が間に合わなく、自国の防衛用の製品まで不足するという危機に見舞われたのだ。

このためバイデン大統領は2022年5月にジャベリンを生産するアラバマ州のロッキード社の工場に自ら足を運び、工場労働者を激励したほどだ。

「この工場で働く皆さんは自由のために貢献しています。ウクライナに武器を送ることで第三次世界大戦の発生を防いでいます」

バイデンは「ウクライナは弾薬が底を突きかけている」と米CNNテレビのインタビューで窮状を訴えた。そして「これは軍需物資の戦争だ。彼ら（ロシア）は弾薬がなくなりつつあり、わが国にも十分にない」と述べた。注目すべきなのは、バイデン大統領が「わが国にも十分にない」と明確に言い切った点だ。不足しているのは「ジャベリン」のような対戦車ミサイルに始まり、各種の精密誘導弾、弾薬など兵器のすべてだ。

実際、米国はウクライナに対し、これまで155ミリ砲弾を200万発以上供与。米国防総省によると、ウクライナは1日当たり3000発の砲弾を発射している。ロシア軍の攻勢が強まった結果、ウクライナ軍が現在の国境線を守るために一日に最低1万発以上の砲弾が必要との試算も出ているのだ。**その1万発以上の砲弾を誰が負担するのか。あるいはどの国がウクライナ勝利まで砲弾を製造・供給できるのか。**

解答はまだ出てない。

隣接する欧州は砲弾の生産が遅れ、ベルギーやチェコなどが精力的に砲弾を提供しているが、ウクライナ側の希望する砲弾数を供給できていないと複数の関係者が明らかにしている。

戦線激化に伴いウクライナで膨大に消費される米国製兵器。それでも、ウクライナから絶え間ない武器支援の声が国際社会に向けて発せられる。プーチン大統領はその足元を見て、「西側諸国がウクライナへの武器支援をやめれば戦争はすぐ終わる」と豪語した。

今や世界最大の武器生産大国・米国でも、ウクライナの要請に応じられない情勢が続いている。

●「民主主義の兵器庫」として日本にスポット

かつて第二次世界大戦当時、米国の民主党政権（フランクリン・ルーズベルト大統領）は日本とドイツに勝つために兵器の大増産に踏み出した。開発当時は「未亡人製造機」とまで揶揄された戦略爆撃機「B29」を4000機も生産した。これにより窮乏した米国経済を救ったとも言われている（拙著（『空を制するオバマの国家戦略』に詳説）。当時の米国は最大の経済国として、世界の「民主主義の兵器庫」になるとルーズベルト大統領は宣言した。

しかし、今はできない。バイデン大統領の先輩にあたる民主党のビル・クリントン大統領が1993年から進めたグローバル経済で、多くの米国企業が中国に進出し生産拠点の多くが中国に移転してしまったからだ。

これが第二次世界大戦に勝利した米国と、現在の米国の決定的な違いだ。

つまり「米国に勝利をもたらしたこれら工場の多くは、クリントン政権以来、次々と閉鎖され中国の上海や深圳などに引っ越ししてしまったのだ」と、トランプ政権時代のピーター・ナヴァロ元大統領補佐官は指摘する。

グローバル経済で自国の産業空洞化を推し進めた結果、米国の兵器は枯渇した。それがウクライナ戦争で図らずも露呈した。バイデン大統領がこの緊急時に、兵器は「我が国に十分にない」

と「白旗」宣言に追い込まれるほどなのだ。

ナヴァロ元大統領補佐官は、その著書『Crouching Tiger』（2015年、邦訳『米中もし戦わば』）の中でこう指摘している。

「第二次世界大戦時に米国は30万機の軍用機を生産できたが、日本とドイツは合計でも20万機に満たなかった。駆逐艦は米国が360隻を前線に投入できたが、日本は63隻に過ぎなかった」。

そして生産力の総量が戦争の勝敗を決定づけたと強調している。

この増産を直ちに埋め合わす生産施設や能力は米国にはない。

それではこの増産を誰が、どの国が担うのか。

高い品質で大量生産できる国。納期を正確に守れる国。そして、米国の指示に素直に従う国。

このような便利な国は、いかに米国に欧州の同盟国や友好国が多いといっても限られる。当面はベルギーや韓国に頼っているが、日本も有力な候補として上がることになるだろう。

欧州諸国でも、主に英国や独仏両国は自国の軍備強化に忙しく、ウクライナの隣国で親米政権のポーランドでさえ思うに任せない状況だ。ギリシャに至っては、明確に「自国の安全保障」を損なうとして、米国から求められた保有する米国製兵器の提供を一部断る始末だ。

こうした中、防衛産業を国策として推進する韓国は砲弾提供で貢献している。「世界4位の武器大国」（韓国大統領）のスローガンの下、ウクライナ戦争をチャンスとみてウクライナ以外の市場で自国の兵器の売り込みに懸命だ。韓国はポーランドなど欧州諸国やアジア諸国に価格の安さを売り物に通常兵器の販売攻勢をかけている。もちろん短期的にはウクライナ向けに大量の砲弾を供給する韓国は、今のバイデン政権にとって貴重な存在だ。

しかし、米防衛産業が本当に求めるのは米国製以外の武器を他国に販売する国ではない。米防衛産業の本音をいえば、米国製兵器の製造をライセンス生産で代行できるだけでなく、その機能向上に貢献し米国製兵器の価値を高めてくれる国なのだ。

そんな便利な国があるのだろうか。

ちなみに韓国が製造しているのは韓国製の自走砲「K9」、国産「K2」戦車、また国産軽攻撃機「FA－50」など韓国ブランドの兵器だ。これは残念ながら、米国製兵器ではない。米国は米国製兵器のグローバルな販売と供給を支えてくれる国を求めているのだ。

しかし、ありがたいことにこれまでの米国製兵器の機能アップを図ってくれる貴重な国があった。それが日本だ。日本が米国防総省のターゲットに入ることは明らかだろう。

さらに、

①優秀な技術開発力

②納期を守る正確なビジネス習慣

③手厚い産業基盤

の要素が加わる。

欧米の軍事専門家の間では、日本が「民主主義諸国の中で最強の兵器庫になる可能性を秘めている」といわれる。日本は兵器枯渇で悲鳴を上げるバイデン政権の要求に応えていけるのだろうか。「超・冷戦」時代突入により、大きな軍事紛争を招く恐れが世界各地で生まれている。ウクライナ戦争以外にも戦争は多発しそうだ。

戦争経済が回り始めているというのは、こうした理由からだ。

朝鮮戦争でもベトナム戦争でも湾岸戦争でも、日本は米国の意向に従い兵器に必要な部品を大量生産し、(戦争)経済を回してきた過去がある。しかも世界の兵器産業は伝統的な重厚長大産業だけでなく、今や人工知能(ＡＩ)からサイバー技術やドローン技術まで多くの民生技術の参入を求める大変革期にある。ＤＸ(デジタルトランスフォーメーション)の流れは世界の防衛産業に変貌を求めている。小さなテック企業でも、独自の技術や製品で世界的な大軍需の波に乗れば大企業に成長するチャンスが出てきた。

その流れがウクライナ戦争を弾みに生まれてきた。世界のテック企業は先を争って軍需の大波に乗ろうとしている。「超・冷戦」時代に噴き出す軍需の大波だ。すでに中露の二大核大国の脅威に晒された先進諸国はいうに及ばず、韓国、トルコ、インドなどではあらゆる産業が軍需産業に向かって走り出す。

世界経済は豊かになった「グローバル経済」から、安全保障を重視した「戦争経済」のルールで動き出した。それはある意味、米国の深刻な兵站枯渇を受けたバイデンの「白旗」宣言から始まった、といってもいいかもしれない。

「歩兵は戦いに勝ち、兵站は戦争に勝つ」

第一次世界大戦の米軍の名将、ジョン・パーシング陸軍大将はかつてこう語った。今やその兵站を米国一か国だけで支えることはできない。

日本もすでに兵站を支える戦争に参加している。

2節　ロシアへの軍事支援・北朝鮮と中国の策動

●北朝鮮のミサイル頼みのロシア

長引いているウクライナ戦争はロシア軍に想定外の事態を招いた。

ウクライナ軍を支援する米軍だけでなく、ロシア軍も兵器が枯渇しているのだ。その枯渇ぶりは戦場からも見て取れる。

ロシア軍は２０２３年12月から、ウクライナに対し過去最大規模のミサイル一斉攻撃を始めた。

その大規模ミサイル攻撃の主役は北朝鮮製のミサイルだったのだ。ロシアがウクライナ戦争で北朝鮮製の砲弾を使用しているのを米軍は確認していたが、今やロシア軍が誇ってきたミサイルまで北朝鮮製に頼るようになっている。

２０２４年１月、米ＣＮＮは次のように報じた。

「米ホワイトハウスは1月4日、ロシアが過去1週間で2度、北朝鮮から供与された短距離弾道ミサイルをウクライナに撃ち込んだと明らかにした。北朝鮮によるロシア支援の『エスカレート』を指摘し、欧州の戦争と朝鮮半島の安全保障の両方に重大な影響があるとの認識を示した。

米国家安全保障会議（ＮＳＣ）のカービー報道官によると、北朝鮮製ミサイルがウクライナに発射されたのは12月30日と1月2日。ウクライナ政府によると、新年休暇とほぼ時を同じくして、少なくとも５００のミサイルとドローン（無人機）がウクライナに向けて発射された。

12月30日の攻撃で使われたミサイル1発は野原に落下し、1月2日の攻撃では複数のミサイルが使用されたという。カービー氏は、1月2日に発射されたミサイルの影響について

ロシアのミサイル攻撃で破壊されたウクライナの街並み

は評価中だと説明。ロシアの『大規模』攻撃の一環だと言い添えた」（CNN、2024年1月5日）

ウクライナ国防省によると、ロシアがウクライナの東部に撃ち込んだ北朝鮮ミサイルは、短距離弾道ミサイル「KN23」。このミサイルは約500キログラムの弾頭を搭載する固体燃料式ミサイルで、射程は600〜700キロといわれる。

米軍の地対空ミサイル「パトリオット」で撃墜できるが、米軍の供給不足で対応は限られているのが現状だ。具体的に言うと、首都キーウ、南部の港湾都市オデーサ、東部の主要都市ハルキウの三都市はパトリオットミサイルが配備されているものの、その他の多くの地域、例えば南部のザポリージャなど軍需工場のある地域は配備されていない。そのことがロシア軍側にもわかってきた。

このため**ロシア軍はパトリオットがカバーできていない都市や地域に狙いを定めて弾道ミサイル攻撃を行い、ウクライナ軍の戦闘力を削減する作戦**に転換した。

「米国や西側諸国の防空兵器の供給不足地域に勝機があると判断したロシア軍は、この地域に対して戦力を集中的に投下する作戦に変更した」と西側の軍事専門家は指摘する。

ミサイルの一斉攻撃でロシア軍は勝負に出た。しかし、ロシア軍には短距離ミサイル「イスカンデル」があるが数が足りない。そこで前述したように、ロシア軍は北朝鮮製ミサイルに頼ったのだ。世界最強のロシア軍も、ついに北朝鮮ミサイルにまで助けを求める事態になった。

一方、ウクライナのゼレンスキー大統領が悲痛な声で「もっとパトリオットを」と叫ぶのは、こうしたロシア軍の波状ミサイル攻撃に苦しむからだ。米欧諸国の武器支援が終了すれば、ウクライナ戦争はロシア側の勝利に終わる。

まさに兵器の供給量が戦争の勝敗を決定する。故ジョン・パーシング米陸軍大将の格言通りの事態になっている。

もちろん、北朝鮮が自国製のミサイルを輸出することは北朝鮮に対する国連安保理決議で禁じられており、米国の国家安全保障会議（ＮＳＣ）のカービー報道官は、北朝鮮のロシアへの武器支援は「重大でかつ懸念すべきエスカレーションだ」と批判する。

しかし、北朝鮮にとっては国際社会の制裁より、ロシアから見返りに提供される軍事技術のほうが重要だ。その軍事技術が、今度は朝鮮半島の安全保障環境を悪化させる懸念がある。

これまでも北朝鮮はロシアの支援を受けてミサイルや核弾頭の技術移転を進めてきた。今回、北朝鮮は武器支援の見返りとして西側諸国に比べ遅れている通常兵器の最新技術や核兵器関連の技術移転もロシアに依頼している。これまでは通常戦力で北朝鮮は韓国軍に遠く及ばないため、核戦力の構築によって軍事的な均衡を図ろうとしていた。しかし、ここにきて通常戦力でもレベルアップしようとしている。関係者によると、最新鋭のレーダーを備えた地対空ミサイルを北朝鮮はロシアに切望しているようだ。

さらにもう一つ重大な問題が浮かびあがっている。

それはロシア軍の砲弾不足だ。

ウクライナの軍事情報サイト、ディフェンス・エクスプレスによると、北朝鮮はロシア軍に対し最大100万発の砲弾及び大砲を供与したと伝えた。こうした報道を受けて、ゼレンスキー大統領は「ロシアが北朝鮮から100万発以上の弾薬を供給された」と主張する。

北朝鮮が供与したのは口径122ミリ砲弾や125ミリ戦車砲弾などだ。

しかし、多くの問題点が発覚しロシア軍を悩ませている。例えば、
・砲弾の品質が一定でないため砲弾の命中精度が落ちる
・砲身の摩耗が激しく砲撃の精度も劣化する
・砲撃時間が長くなり、砲兵部隊の露出度リスクが高まる
などだ。それでも北朝鮮製兵器に頼らざるを得なかったロシア軍。北朝鮮製兵器の劣化が明らかになるたびに、軍事大国中国への武器支援要請は強まる。水面下では、中国に直接的な兵器の提供を猛烈に要求していると米国はみている。

●中国、反グローバル経済に・資源封鎖の禁じ手か

中国はどう出るのか。ここで中国は新しい戦争経済の手法を繰り出してきた。

米政権から警戒されている中国は、さすがにロシアに対し戦車の輸出など到底できない。習近平主席は盟友のプーチン大統領を助けるために武器支援を行いたいとみられるが、表向きはウクライナ戦争について中立の立場を標榜している。露骨な武器援助をロシアに行えば米政権との直接対決は免れないうえに、もともと友好的だったウクライナのゼレンスキー政権への影響力も低下するからだ。

ここで中国はロシアの望む戦車輸出に代わる新手の手法に乗り出す。それは「戦争経済」と呼ばれるものだ。プーチン大統領は、習近平主席が初めてロシアを訪問した時から「資源の武器化戦略」の有効性について教示してきた。その教えを実践したのだ。

関係者によると、習近平は2013年に国家主席に就任した日にプーチンに自ら電話して、共産主義国家の運営方法について教えを請い、その際にプーチン大統領は国有企業による資源管理と西側諸国への制裁効果について説明したといわれる。

西側諸国に不足するのはエネルギーと資源であり、このグリップが同じユーラシア大陸に存在する両国の「生きる道」（ロシアメディア）だと説いたといわれる。

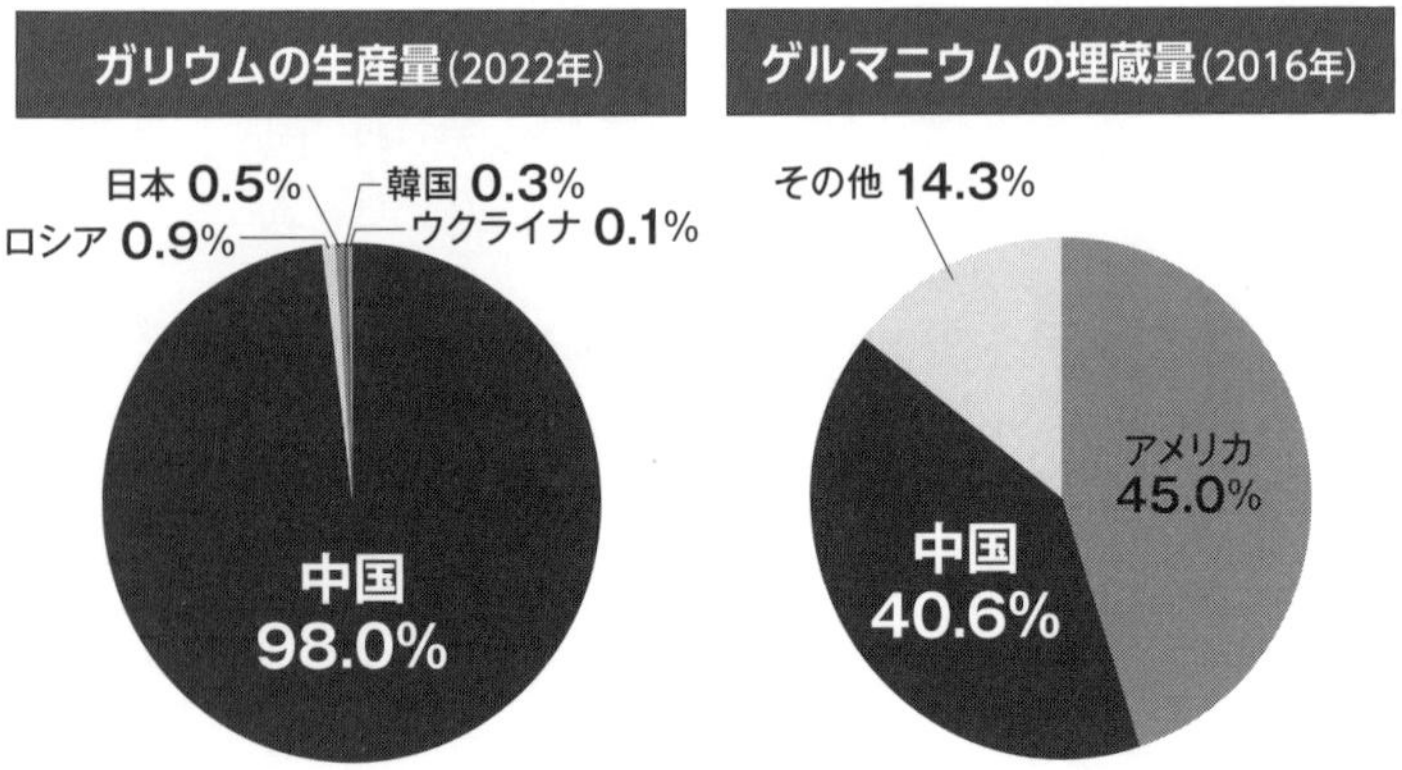

出所：アメリカ地質調査所

ロシアには石油と天然ガスがあり、中国には希少な鉱物資源がある。軍備に必要な資源を輸出禁止にする「資源封鎖」。それが西側諸国への有力な対抗手段となる。

実は中国には半導体や携帯電話など、軍需用品となる製品製造に欠かせない鉱物資源が大量に埋蔵されている。具体的にはガリウムやゲルマニウム、レアアースなどで、これらは半導体やハイテク製品の製造に不可欠な戦略物資だ。

中国はこうした鉱物資源の輸出に「待った」をかけ始めた。習近平政権は2023年8月1日から半導体製造に使われる重要鉱物であるガリウムとゲルマニウムの輸出規制に踏み切ったのだ。

その結果、これらの価格は一時急上昇した。さらにその動きを見ながら、中国が認める一部の外国企業には輸出を許可するといった戦術を繰り出し、西側諸国の半導体生産を揺さぶっている。

中国はガリウムやゲルマニウム以外にも、多くの重要鉱物において世界市場で大きなシェアを握っている。習近平政権は輸出規制などを外交上の戦略ツールとする動きをさらに強めそうだ。

この効果の大きさを確認した**習近平政権は、重要鉱物資源について「輸出規制」だけではなく、実質上の「輸出禁止」にまで踏み出す**との警戒感が米政権内で強まっている。

中国が禁輸措置を取るのは初めてではない。

2010年には尖閣諸島沖での中国漁船衝突事件を契機に、中国は日本の尖閣諸島の国有化に抗議して日本に対し希少資源であるレアアースの輸出を禁止した。困った日本政府は調達地域の分散化を図り、ベトナムなどから輸入を増大。また、レアアースの使用を減らす代替的な技術開発をするなど、禁輸への対応策を打ち出した。このため一時は90％以上を占めた中国からの輸入依存度は6割を切る水準にまで引き下げることに成功した。資源の禁輸措置は先進国の調達多様化や代替技術の開発努力を引き出すことになる。

バイデン政権内には、米国の虎の尾を踏むことになる半導体生産に直結する鉱物資源の規制に中国が手を出すことはないとの見方もあったが、その楽観論は見事に覆されつつある。

まさに世界が恐れた資源の囲い込みと、それによるブロック経済圏の動きが始まっている。

さらに中国のロシアへの武器輸出も、バイデン政権からは疑惑の目でみられている。中国は北朝鮮のように兵器の完成品こそ輸出していないが、光学機器など兵器部品のほか、弾薬の材料となるニトロセルロースの物質をロシアに大量に輸出していると米政府やG7諸国はみている。

こうしたことから今後、「中国が殺傷力のある武器をロシアに支援することに（米国は）強く反対する」と、米国務省のミラー報道官は何度も中国を牽制している。

それでも中国はロシアに無人機など1億ドル以上輸出していることを米国は把握しているし、「中国が中立の立場を堅持しながら、裏ではロシアを支援していることは明らかだ」とみる西側の軍事専門家は多い。


グローバル経済を制度的に支えるのはWTO（世界貿易機関）だ。WTOのルールで最も重要なのは、各国が行う「輸出規制」禁止ルールである。各国が資源や製品を輸出規制すれば、自由な貿易は滞りグローバル経済の根本を揺るがすことになるからだ。しかし、中国がそのWTOのルールを逸脱し「輸出規制」を振りかざしている。ここで明確に鉱物資源の輸出規制に踏み切ったことは、すでにグローバル経済のルールが後退していることを意味している。

だが、中国側にも言い分がある。輸出規制の禁止については、WTO協定の「GATT」21条で例外を認めている。それは自国の安全保障が目的の場合は、輸出規制を正当化できると認めている。中国側にしてみれば、「安全保障」を理由にした輸出規制の乱発はWTOルールの違反ではないという言い分が成り立つ。


もはや、自由貿易を標榜するWTOは破綻に向かい、投資効率優先のグローバル経済の世界か

ら安全保障重視の戦争経済のルールに世界が大きく動いているのが明瞭にみてとれる。

3節　2024年以降、日本が向かうは繁栄か衰退か

●資源封鎖解除を迫るバイデン・拒否する中国

半導体に必要な鉱物資源の輸出規制は米国防産業の首をじわじわと絞めかねない。なぜなら米国の国防産業で売り物となるハイテク兵器はすべて半導体部品で成り立っているからだ。先端半導体までいかない汎用半導体であっても、さまざまな軍事製品に使用される。ロイター通信によると、米国防総省は中国の重要戦略物資の輸出規制についてその衝撃を認めていた。

2023年7月のロイター通信は次のように報じている。

「米国防総省の報道官は7月6日、半導体の材料となるゲルマニウムの戦略的備蓄を保有しているものの、現時点でガリウムの備蓄はないと明らかにした。

中国は今週、半導体の材料となる一部のガリウムとゲルマニウム関連製品の輸出管理を強化すると発表。8月1日以降、輸出許可を得る手続きが必要になる。許可なく輸出したり、許可された量を超えて輸出した場合は処罰される。

国防総省の報道官は、同省が国防生産法に基づき、『ガリウムやゲルマニウムなど、マイクロエレクトロニクスやサプライチェーンに重要とされる素材の国内での採掘や製造拡充に向け積極的な措置を講じている』と述べた。

米国防産業協会のエマージング・テクノロジーズ・インスティチュートのエグゼクティブディレクター、アルン・セラフィン氏は、米防衛大手ロッキード・マーティン社などがガリウムやゲルマニウムを直接購入しないとしても、中国のガリウムやゲルマニウムを調達しているサプライヤーから購入している可能性が高いと指摘。そのため、中国の輸出制限によって『国防総省のシステムに絡み生産が遅れる』もしくは『コストが増大する』可能性があるという見方を示した」（ロイター通信、2023年7月7日）

この報道は控えめに報じているが、それでもダメージを認めたがらない米国防総省がガリウムについて備蓄がなかったと認めているのは驚きだ。いかに中国側が米国の想定外の攻撃的措置に出たか明らかだ。

さらに、それ以上の生命線である軍備の生産について、「生産が遅れる」と認めている点は大きい。ロッキード・マーティン社は直接中国から買い付けず、バイヤーから購入するとしているが、バイヤーも入手に支障をきたしているだろう。この結果、ロッキード社に限らずＲＴＸ社やボーイング社なども兵器生産に大きな障害となっている可能性がある。

中国の繰り出した先制パンチは米軍需産業の足元を揺さぶっているのだ。

実はこれは、その後の２０２３年11月の米中首脳会談の最優先のテーマになっていた。マスコミ報道によれば、この時の米中首脳会談は、米中国防協議の再開などが最大のテーマとして報じられたが、それは表向きの発表だ。こうした大国同士の首脳会談はマスコミ向けの発表は合意が達成されそうなテーマをあらかじめ事前レクチャーしておき、会談の成功を報じさせる。

しかし、大事なのは合意が難しいテーマについて報じることであり、これは政権側の意図によって発表されないケースがほとんどだ。今回の米中首脳会談では最も難航することが予想されたのは、米国に不意打ちを浴びせた鉱物資源の輸出規制問題だったという。

首脳会談で習近平は資源輸出規制解除をはねつけた（2023年11月15日）

米国防産業や半導体産業側からバイデン大統領に、習近平主席に（資源輸出規制を）解除するよう強い要請があったとみられ、強い姿勢で交渉に臨んだ。

しかし、習主席はバイデンの要求を拒否した。その証拠は、米中首脳会談後の米国の発表から何一つ出てこなかったことにある。

米国の多くの兵器に組み込まれる半導体。その半導体製造に不可欠な鉱物資源は、グローバル経済の循環の中でこれまでは自由に購入できた。しかし、その道が断たれている。

冷戦以降30年以上続いたグローバル経済のルール。このルールの権化である米国リベラル派のバイデン大統領は、**グローバル経済の根幹である自由な資源の売買について、その実現を中国によって阻まれたのだ。**

これは、グローバル経済のルールが、中国によって退けられた歴史的な瞬間だったといえるかもしれない。

●米最大投資会社ＣＥＯによるグローバル経済の「死亡宣告」

「過去30年のグローバル化が終わるだろう」

そう断言したのは、世界最大の資産運用会社、米ブラックロックのラリー・フィンクＣＥＯ（最高経営責任者）だ。

フィンクＣＥＯは、顧客に宛てた年次書簡で「**ウクライナ戦争で世界のグローバル経済は幕を閉じた**」との大局観を披露し、世界の投資家に衝撃を与えた。運用資産は10兆ドル（約１５１０兆円）を超すといわれる世界最大の資産運用会社トップの発言だけに、さまざまな憶測が飛び交った。

フィンクCEOはグローバル経済終焉の発端はウクライナ戦争だったとみる。ウクライナ戦争を契機に米国など主要7か国（G7）とロシアによる制裁の応酬で、世界経済に分断の流れが強まった。農産物や天然ガス、半導体までさまざまな製品が制裁の対象となり、自由な人と物の流れを前提とするグローバル経済の基盤が崩れてきている。

そして2023年の書簡では、「食糧、エネルギー、半導体、そしてAIに至るまで、企業や国はいずれも、地政学による緊張の影響を受けにくいサプライチェーンの構築を模索している」との認識を示したうえで、「こうした変化はより分断化された世界経済を生み出している」と分断経済が進んでいるとの判断を示している。

こうしたグローバル経済の「死亡宣告」をするのは、今やブラックロックのCEOだけではない。世界最大の半導体受託製造企業TSMC（台湾積体電路製造）の張忠謀（モリス・チャン）CEOも、「大きな地政学的な変化が新たな情勢を生み出し、グローバリゼーションは既に死に瀕している。自由貿易も風前の灯だ」と吐露している。

しかも、このことを口にしたのは、2022年12月に行われた米国アリゾナ州のTSMCの新工場（第二期工程）の祝賀式典だった。隣には式典に訪れたバイデン大統領やジーナ・レモンド商務長官のほか、グローバル経済で莫大な利潤を得てきたアップルのティム・クックCEO、半導体会社エヌビディアのジェンスン・ファアンCEOが顔を揃える中で飛び出した、衝撃の宣言だ。

「まるで米国生産に対する当てつけのように聞こえた」と米国人記者は語る。というのも、TSMCの米国生産は米政権の要求で実現した事業だったからだ。一般的に「半導体工場で、米国労働者は台湾労働者に比べ勤労や態度に難点がある」との指摘もあるが、米国生産はトランプ政権時代からの要求であり、台湾の蔡英文政権（当時）の後押しもあった。難航したもののアリゾナ州での生産が決まった。

張氏は台湾でも外省人（中国大陸出身者）であり、習近平の政治的な基盤である中国・浙江省の出身だ。習近平主席とは2022年にAPECでも会談している。

張氏自身も「TSMCとしても、米国に工場を建設すべきだと判断した」とフォローはしているが、「アリゾナ進出の意思決定は、アメリカ政府の要請を受けて下した」と別の場所では真相を打ち明けている。しかも張CEOはこのスピーチで、「多くの人はグローバル経済が戻ってくることを望んでいるが、私は、少なくとも一定期間は、もう元には戻らないと思っている」とまで言っている。「一定期間」とは婉曲な言い回しであり、「元には戻らない」が本音かもしれない。

●2024年以降に世界が向かう先は？

さらに張氏はニューヨークタイムズ紙のインタビューに応じて、「我々が（世界の半導体サプライチェーンの）急所をしっかり握っている限り、中国にできることは何もない」。と同時に、

「自分は中国共産党を避けて台湾に来ており、1962年に米国で市民権を取った後はずっと米国人というアイデンティティーを維持してきた」と米国向けの発言もしている。

しかし、グローバル経済が終わって次に見えてくる時代とは何なのか。それはフィンク氏も張氏も語っていない。いったい2024年以降、世界はどこからどこへ向かうのだろうか。

それはグローバル経済が破綻した動きの中から見えてくる。すなわち、それは張氏の指摘した「地政学的な変化」から生まれた戦争経済の時代ではないだろうか。これまでの投資効率優先で国境の壁を越えた人や物の流れは、これからは大きく制限される。安全保障を重視した貿易、投資が主流となる経済が中心になっていく。

「グローバルビジネスの拡大」「世界の巨大市場、中国に乗れ」というようなステレオタイプのビジネスは終わったのだ。それに基づいた企業戦略のままだと、1章で触れたような日本の経済団体210人の訪中旅行のような結末となる。そしてグローバルな自由経済は廃れ、TSMCが米国生産を強要されたようにブロック経済圏が中心となる。

対立するブロック経済圏同士は、互いに貿易規制、スパイ摘発で牽制し合い、サプライチェーン（供給網）は再編されていくだろう。それは防衛産業やハイテク産業に限定されるとの見方もある。しかし、それは甘い見方かもしれない。

今や防衛産業はAIを中心とした新産業革命の分野を軸に進んでおり、狭義の防衛産業の垣根を越えて繊維や化学、機械製品など全産業分野にまで及んでいるのだ（詳しくは4章を参照）。

2023年10月6日、海外投資家らと記念撮影する岸田首相とラリー・フィンクCEO（右）

すなわち防衛産業だけでなく、全産業分野で戦争経済のルールが少しずつ動いてくる可能性がある。ここに勝機があるのであり、これまでのビジネス慣行の思考で動くと手痛いしっぺ返しがあるかもしれない。

ここでグローバル化が終わると言ったブラックロックのフィンクＣＥＯから、２０２３年に来日した際に、次の時代を占うような予測が飛び出した。

日本経済が急速な成長を続けた**「１９８０年代の奇跡の再現が起きようとしている」。しかも「この奇跡は長く続くと考えている」**とまで見通しを明かしたのだ。

「日本は繁栄の時代を迎える」とご託宣を出したようなものだ。

少なくても米国が主導してきたリベラリズムの理論によれば、グローバル経済が終われば世界は貧しくなるはずだ。しかし、なぜ**グローバリズムが終焉する時代に日本の繁栄の道が開けるのか**。

その回答については次章からみていきたいと思う。そこには思わぬ日本経済の飛躍のカギが潜んでいる。

3章

日本の半導体はアメリカ軍へ

1節　「真っ先に米防衛産業に」・ラピダス会長の深謀遠慮

●世界を駆け巡ったラピダス会長の発言

日本経済復活のカギは、半導体の生産にあることは誰もが理解するだろう。

なかでも注目を浴びているのが、次世代の最先端半導体メーカーのラピダス（Ｒａｐｉｄｕｓ）だ。

ラピダスは２０２２年8月、ＮＴＴ、キオクシア、ソニーグループ、ＮＥＣ、トヨタ自動車、ソフトバンク、デンソー、三菱ＵＦＪ銀行の大手8社が政府の肝いりで設立。日本政府は、半導体復権の目玉事業として追加支援も含め９２００億円を支出し、北海道千歳市に先端半導体の生産を目指す巨大工場を建設中だ。今後の設備投資額は7兆円にも及ぶといわれる大事業だ。

ラピダスの千歳新工場は第1期工事だけで5兆円を投入する計画で、日本の半導体産業始まって以来の前代未聞の巨大な工場になる。

そのラピダスのトップには、日本の半導体業界の立役者といわれる、東京エレクトロン会長の東哲郎氏が会長に就任し、世界の半導体業界の注目を集めた。

ラピダスは民需用半導体メーカーとして、生産される最先端半導体は自動車や携帯電話、人工知能に供給されると報道されていた。しかし、２０２３年10月、東会長の発言はまったく違った。東会長はテレビ東京のインタビューで、「重要な部分は国防の領域」、しかも先端半導体の納入先に「そういう半導体をまず米国の客に届けなければならない」と喝破したのだ。

「国防領域」「米国の客」とは何だろうか。

それは、米国の防衛産業であることは容易に想像できる。

ラピダス創立当初は、信頼度の低い半導体製品を「世界の誰が買うのか」と中国の半導体関係者や多くのマスコミ人に嘲笑されていた。しかし、東会長の発言から想像されるのは、すでにラピダスには世界最大の顧客、すなわち米国防総省と米防衛産業がついているということになる。

政府の肝いりで設立された最先端半導体メーカー、ラピダスの東哲郎会長

この発言は、日本の軍事半導体再建の「のろし」として世界を駆け巡った。

半導体産業を、単純に平和産業と思いこむ日本国民の惰眠を打ち破る一言だったかもしれない。もちろん、生産したすべての最先端半導体が米国の防衛産業に供給されるわけではない。当然、日本国内の民需用にも供給されるだろう。

なにしろ、日本の半導体メーカーは現在、完成品ベースで回路幅40ナノメートル（1ナノメートルは100万分の1ミリ）の水準までしか生産できず、自動車や携帯電話、パソコンに使用される先端半導体（16ナノ以下）は台湾の半導体メーカーのTSMCに頼るしかなかった。

ただ、繰り返すが、東会長の発言でわかったことは、重要な顧客の一つが「米国の客」であり、「米国の防衛産業」ということだ。

回路幅7ナノメートル以下の先端半導体は、1機1億ドル以上する最新鋭戦闘機F35や、巡航ミサイルトマホークなどハイテク兵器に必須な部品となっている。

東会長の意思は固いようだ。別のインタビューでは、日本の半導体の現状について「危機的」との認識を示したうえで、「ロシアによるウクライナ侵攻や、台湾有事の可能性などから、（政府は）半導体産業の育成に強い意志を固めている」と述べた。つまり、これだけの巨額支援を政府が提供する背景には、単純に日本経済の再生という日本国内の課題だけに対処するものではない。ラピダスを率いる東会長の脳裏には、ロシアによるウクライナ侵攻など世界的な戦争の拡大危機があるのだろう。

●IBMがラピダスに味方する理由・米国防総省の意向か

しかも、北海道・千歳の半導体工場建設の動きは尋常ではない。まず建設を強力に後押ししているのが、これまで日本の半導体産業潰しに懸命だった米国ということだ。

米国は1980年代、世界のトップに立った日本の半導体産業の壊滅に狂奔した。日本製品を狙い撃ちにした輸入規制と強力な円高政策により、日本の半導体産業は大打撃を受け、韓国や台湾に王座の地位を奪われた。日本の半導体産業は見る影もなく衰退の道をたどったのだ。

だが、今や日本潰しの張本人の米国が、日本への最大の「助っ人」として登場している。

これは歴史的な大転換となる。

「これを千載一遇のチャンスといわずになんというのか」と、経済産業省の高官は言う。長年、米国の日本半導体潰し戦略に喘いできた通産官僚にとって、驚くべき変化だろう。

北海道千歳市に建設中のラピダスの半導体工場（2024年４月）

ラピダスには設立当初から米国最先端のハイテク企業が駆け付けた。日米共同のハイテク企業の船出となったわけだ。しかも門外不出の最先端のハイテク技術まで引っ提げてきた。

ラピダスを支援するＩＢＭは、２０２１年5月、世界に先駆けて回路幅２ナノの最先端の半導体を試作することに成功したと発表した。最先端半導体の量産で世界をリードする台湾のＴＳＭＣは、ようやく3ナノ半導体の量産に入ったところであり、韓国のサムスン電子も同様の水準だ。ご存じのように半導体は、回路の線幅が小さくなるほど処理速度や電力効率が上がり、高性能化する。世界の半

半導体製造は、回路幅を極小化する競争となっている。丸いウェハの上に四角いIC チップが密集している。

導体メーカーは回路幅を極小化する競争にしのぎを削っている。そのＩＢＭはＴＳＭＣに先行する超・最先端の、しかも生まれたばかりの設計技術をラピダスに供与するという。とくに製造プロセスやデバイス構造を巡る２ナノの最先端半導体について戦略的な提携を進めるのが主な内容だ。

２ナノ半導体は大きさでみると、例えば指の爪先サイズの半導体に最大５００億個のトランジスターを搭載できるという。まさに桁外れの性能を誇る。さらに、消費電力も７ナノチップと比べ大幅に低減されるという優れたチップだ。

今後の半導体産業の成否を握るのは電力消費ともいわれ、わずかな電力で動く半導体は将来の競争力を左右する。生成ＡＩ（人工知能）の登場により、半導体にはこれまで以上の莫大な電力が必要となる。仮に生成ＡＩが普及すると、一国の電力需要が2倍以上膨らむとの試算まである。省エネ型の最先端半導体は、世界の半導体産業が望む製品なのだ。

当然、この戦略的な提携は世界の半導体業界の注目をさらった。２ナノ以下の半導体設計はＩＢＭから供与されても、その製造段階になると極めて難易度の高い事業となる。台湾のＴＳＭＣでもなかなか量産化できない。こうしたことから、北海道で産声をあげたばかりの半導体メーカーが、いきなり回路幅２ナノの生産に挑戦する姿勢はいやが応でも注目を集める。

先端半導体の高性能化

回路幅 7nm	5nm	3nm	2nm《ナノ》
→	→	→	→ 高性能
サムスン	TSMC、Intel		ラピダス（2020年代後半の量産化を目指す）

経産省主導の国策事業の不振ぶりを数多く見てきた国内投資家の間でも、今回の壮大な挑戦について評価する声がある。米投資銀行の東京支店幹部は、「最初は経産省主導の沈没する親方日の丸会社との評価も多かったが、ＩＢＭの参入でガラリと評価が変わった」と指摘している。

ラピダスは、世界最先端半導体の技術をＩＢＭから習得し、遅くても２０２７年からの量産を目指す野心的な計画を明らかにしている。

そもそも、米ＩＢＭはどういう企業なのだろう。

売上高６０００億ドルを超える米国を代表するハイテク企業だ。コンピューターをはじめデジタル分野を網羅する米国防総省と関係が深い。同社は米国防総省の先進的なプロジェクトを次々に受注している「ペンタゴンファミリー企業」の有力なメンバーである。ということは、今回のラピダスとの提携も、「一企業の方針というより、背後にペンタゴンの意向が働いているとみるのが自然だ」（大手商社の幹部）。

実際、経済産業省の半導体責任者は、ＩＢＭとラピダスの技術契約の前に米国に飛んで国防総省を訪れ、米側の協力の確約を取っていたのだ。まさに米国防総省と経済産業省は肩を組み、ラピダス発進に向け共同歩調を取ったといえる。

2節　半導体は「経済安全保障」の要

●対中戦争で精密誘導弾は1週間で枯渇する

しかし、なぜ日本の半導体潰しに躍起だった米国が、こんなにも手のひら返しの態度となったのだろう。その背景に、台湾海峡を巡り米国への軍事的な対決姿勢を鮮明にする、中国に対する深刻な危機感が米国防総省にある。

すでにウクライナ戦争での米国の兵器枯渇ぶりは、軍当局はおろか政権中枢、国防関連産業、議会関係者に衝撃を与えている。もし、米戦略報告書が予測するように、米国がロシアと中国の2国と軍事対決をすることになれば、現在の兵站では不十分なのは誰の目にも明らかだ。

米国防総省では対中戦略を巡り、これまで「エアシーバトル派」と「オフショアコントロール派」の二つの考え方が対立していた。「エアシーバトル派」は、中国本土へのミサイル攻撃に主力を置き、「オフショアコントロール派」は、海上封鎖を中心に経済封鎖を主力に置く戦略だ。両派の論争の決着はつかなかったが、米軍の兵站部分の脆弱性がネックになるとの認識では共通していた。

もちろん、砲弾からミサイルまでその在庫保有量は軍事機密であり、両派ともその秘密データを駆使して論争することはなかった。だが、ウクライナ戦争が米軍の兵站の弱さを世界に明らかにしてしまった。中国やロシアとどのような戦いになるにせよ、肝心の砲弾やミサイルが不足していては話にならない。

米シンクタンクのあるリポートが米国防総省に衝撃を与えた。米国防総省と親密な関係にあるCSIS（戦略国際問題研究所）の対中戦争予測リポートだ。そこには、驚くべきことが記載されていた。「台湾有事になれば、米軍の長距離精密誘導弾（Long-Range Precision Guided Munition）は1週間で不足する危険がある」というものだ。

長距離精密誘導弾とは、イラク戦争で華々しく実戦に登場した弾道ミサイルだ。現代戦争の主力兵器であり、日本にも売却が決まった巡航ミサイル「トマホーク」が有名だ。リポートは、米国の防衛産業が「十分な準備ができていない」と訴え、迫り来る台湾危機に備えるため直ちに防衛産業の基盤を強化する必要があると強調した。

いずれにしても、対中戦争に勝利する上で死活的な役割を果たす巡航ミサイルが、1週間で在庫が払底するという驚愕の試算が示されたわけだ。もちろん対中戦争となれば、弾道ミサイルだけでなく激しいサイバー戦で経済麻痺を狙う戦争も実行されるだろう。しかし、最終的に敵国を物理的な破壊にまで追い込むには、ミサイルは決定的な兵器であることに変わりはない。しかも、中国を相手に戦争が始まれば、誰も1週間で勝利が決するとは思わないだろう。兵器の在庫が払底したほうが戦力低下を招き敗北に追い込まれることになる。

このミサイルの中身をみれば、それは半導体の塊だ。

そこには、回路幅7ナノのような最先端半導体だけでなく、汎用半導体まで含めて各種多様な半導体が搭載されている。例えば、ミサイルの制御には高度な演算能力が必要であり、そのためにマイクロプロセッサや制御回路など多様な高度半導体技術が利用されている。これらにより複雑なアルゴリズム計算や誘導制御が実現できるのだ。

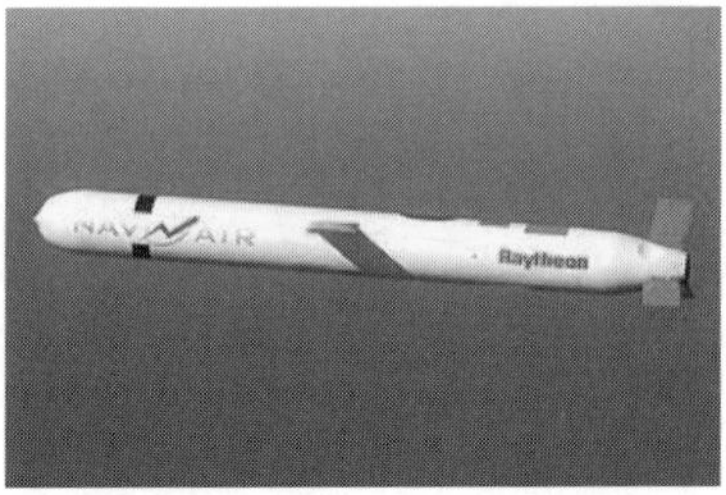

米軍の誇る巡航ミサイル「トマホーク」

つまりミサイルは、高度な制御と誘導機能を備えた兵器であり、それを実現する半導体が無尽蔵に生産されなければミサイルを十分に供給することは難しいのだ。その意味で**半導体はまさに軍需製品そのものだと言える。**

ウクライナ戦争で米国は軍需物資の枯渇に泣き、軍需生産の脆弱さを痛感した。ましてやこれが中国との戦争であれば、その規模などから同日の談ではないことは明らかだ。

この点についてはトランプ政権時代のピーター・ナヴァロ大統領補佐官（現在は米議会侮辱罪で服役中）が指摘していたが、民主党バイデン政権になって、ウクライナ戦争や中東の対ハマス戦争の発生で事態はさらに悪化したのだ。

ＣＳＩＳの対中戦争予測リポートには、対中戦に関するさまざまな予測もあった。その中で特にミサイルなど誘導弾不足の予測は米国防総省内で深刻に受け止められたという。それは「目の前に起こりつつある危機」で、現にウクライナ戦争支援に伴い誘導弾不足が発生したことは、米国防関係者を激しく揺さぶった。

米国の戦力を増強するには、早急にミサイルなど精密誘導弾の大増産に取り組む必要がある。そのためには半導体の増産が不可欠だ。これは米国の民主党や共和党の党派を超えたコンセンサスとなっている。

日本のメディアはわかっていないが、**ミサイルなど誘導弾に使用される半導体を大増産しなければならないが、米国一か国だけでは対応できない。そのことを米政権は理解している。その半導体大増産という大役が、日本に回ってきているのだ。**

●ハリス副大統領の悲鳴・頼りは日本

米バイデン政権のカマラ・ハリス副大統領も、こうした危機感を背景に2022年9月に来日した。

表向きは故安倍晋三元首相の国葬参加のためだが、本当の狙いはそれだけではなかった。東

2022年９月、ハリス米副大統領は米大使公邸に日本の半導体企業の幹部を招き、半導体供給網の強化を訴えた。

京・港区のアメリカ大使公邸に日本の大手半導体メーカーの経営者を一堂に集め、半導体生産で日米の協力を訴えたのだ。

「半導体供給は米国一か国で満たすことができないことを我々は理解している。米国と同盟国が成長し、実用的なレベルで機能できる方法で協力することが重要だ」と半導体供給網の協力強化を呼びかけた。ここにはウクライナ戦争を契機に明るみになった、米軍の半導体不足という痛烈な「前代未聞の危機」（米上院軍事委員会メンバー）が背景にある。そして米国防総省が抱える致命的な半導体不足を解決するために、日本の半導体産業の復活と協力を求めたのだ。

「**私には米国の悲鳴に聞こえました**」

この会合に呼ばれた日本の大手半導体メーカーの役員は、こう明かす。

これまで日本の半導体企業を目の敵にしてきた米政府が、一八〇度態度を変えて協力を呼びかける姿に困惑すらしたという。日本の半導体企業による対米投資だけでなく、日本の素材・部品メーカーが持つ高い技術力、そして質の高い労働力が結び付き、米国向けに新たな最先端半導体供給の基地となることを日本メーカーに期待していたと明かす。

半導体産業の基盤が厚い日本の手助けが、どうしても米国には必要だ。「その熱意が副大統領のほとばしる熱弁から感じられた」という。

もちろん、米国が育ててきた台湾や韓国の半導体企業もあるのではないか、という声もあるだろう。しかし、中国や北朝鮮のような一党独裁の専制国家の脅威に直面する、台湾や韓国だけに重要な軍需物資を依存するのは心もとないのが実情だ。実際、米国防総省は米軍の半導体供給を巡り、「台湾依存」リスクに警鐘を鳴らし、脱・台湾化の動きを強力に推し進めているのだ。

米国防総省の半導体部門の担当者は、「**台湾周辺は地政学的なリスクも高まっており、今後アクセスに支障をきたす恐れも大きい**。米軍の半導体技術をひとつの地域に依存することは、安全保障上の大きな危険となる」と指摘する。

もちろん韓国も米国の友好国である。

ハリス副大統領は、日本の次に韓国も訪問し半導体製造で協力を要請した。しかし、米国の大手半導体企業は台湾や韓国に大型投資はしていない。韓国や台湾の半導体企業が**米国**で大型投資を行う報道は枚挙にいとまがないが、米国の半導体企業が**台湾や韓国で**大型投資をする報道は寡聞にして最近見かけたことがない。

なぜなのか。それには深い理由がありそうだ。

一つには、台湾には中国特務機関の工作員が多数入りこんでいるうえに、企業経営者には中国出身の「外省人」が少なくない。

後述するが、台湾の独特な華人ネットワークから高度な半導体技術が中国に流出するリスクも、米政権は密かに警戒している。2024年1月の立法院選挙では、「外省人」の勢力が強いといわれる国民党が多数を握った。今後、議会で国民党の影響力が増せば、頼清徳・台湾総統の力を押し切り台湾の政治が中国共産党寄りの方向に動く危険すらある。台湾の半導体企業も、中国に協力する方向に押し流されるリスクが顕在化する。

一方、韓国は急速な人口衰退が進む中で北朝鮮のスパイが政府の要所に潜んでいるといわれる。尹錫悦《ユン・ソンニョル》大統領の政権下で鳴りを潜めているが、文在寅《ムン・ジェイン》前政権のように北朝鮮に親密な野党が政権をとれば、米国の対中輸出規制を密かに破る危険もあるだろう。

こうした事情をみると、半導体同盟国として米国の頼りになるパートナーは、日本が有力な候補となるだろう。半導体の完成品では劣勢に追い込まれたとはいえ、日本には半導体製造に不可欠な部品を供給する世界的な企業が多数存在している。

例えば、半導体の土台となる「シリコンウエハー」では、日本企業が世界で約6割のシェアを握り、日本は半導体「素材・材料」開発において世界をリードしている。さらに「半導体製造装置」も世界市場で高いシェアをもつ企業がひしめいており、東京エレクトロンのように強い競争力を維持する企業が多く存在する。また、企業の社会的な環境に目を向ければ、日本の整備されたインフラに加え安定的な社会秩序、豊富な水資源や電力網、快適な空港アクセスという理想的な半導体生産環境に恵まれている。

米国に進出した世界最先端の半導体メーカー、台湾TSMCの張忠謀（モリス・チャン）CE

〇も「日本は半導体生産で理想的な場所だ」と太鼓判を押す。

半導体の市場規模は、2030年には世界で100兆円に達するといわれる。ラピダスの挑戦が成功すれば、回路幅2ナノメートル以下の最先端半導体の製造でトップを独走することになる。そうすれば「素材・開発」「製造装置」分野でも競争力強化につながり、次世代光半導体や3次元実装半導体まで、一気通貫の取り組みに拍車がかかる可能性もみえてくる。ここまで条件をそろえた国は、米本土も含め世界中で日本のほかにはなかなか見当たらないのではないか。

そして**日本のマスコミはまったく触れないが、最大の頼りになるのが日本の半導体工場を守る強力な在日米軍の存在だ**という。米空軍の精鋭部隊と原子力空母を率いる米海軍第七艦隊、さらに米海兵隊など米軍最強の三点トリオがそろっている。そのような先進国はなかなか見当たらない。しかも、ハイテク兵器をそろえた日本の自衛隊のような強力な軍事的な後ろ盾も、台湾や韓国と比べかなり強固な布陣となっている。

日本が米国防総省の求める半導体供給網の重要な拠点として浮かび上がる、隠れた理由だろう。

3節　半導体工場建設ラッシュの背後にある日米軍事同盟

●ラピダスと米軍三沢航空基地が近い理由

なぜ、ラピダスが北海道千歳市の工業団地「千歳美々ワールド」に誘致されたのか。マスコミ的には、次のようなもっともな理由が述べられている。

先端半導体を米国に空輸する際に国際空港（新千歳空港）が近いこと。水資源の豊富な点も挙げられる。また海運の拠点となる苫小牧港まで車で約30分と、物流の利便性が高いのも大きな理由だろう。

しかし、最大の理由は別にある。**マスコミでは誰も語ってないが、最も重要な点だ。**

それは、日米空軍がその戦力を世界に誇る三沢航空基地の存在だ。

一旦戦端を開けば、加速度的なスピードでミサイルなどハイテク兵器は使用される。それはウクライナ戦争で実証済みだ。このために半導体の増産が必要となり、日本で生産した半導体を米国に空輸でピストン輸送することが求められる。戦略物資を運ぶ航空機は当然、敵国の格好の攻撃目標となる。

この空輸機の防衛役を三沢航空基地が担う戦略が密かに描かれている。

実際、ロシアがウクライナに侵攻した際、ロシアが原子力発電所や工場施設を攻撃したのは記憶に新しい。今や半導体工場が開戦時の重要な軍事目標になるのは世界の軍事常識であり、先端半導体工場をいかにしてミサイル攻撃や空爆から守るか。自社の半導体工場を戦火からいかに守るかが、現在の半導体企業経営者の新たな課題として浮上している。

これは現代戦の喫緊の課題として、先進国の軍事実務者の間で話題となっている。

「**世界の半導体メーカー経営者が最も懸念するのは、自社工場が軍事紛争に巻き込まれ破壊されるリスクだ**」と日本の大手商社の関係者も指摘する。

半導体工場が破壊されれば戦争継続能力は著しく阻害され、有力な戦力である弾道ミサイルは供給されず敗戦を招きかねない。このため、真っ先に先端半導体工場が敵国ミサイルや爆撃機の攻撃対象になるのは必至である。

もともと**海外投資に消極的だった台湾ＴＳＭＣが日米で海外生産を始めたのも、台湾併合（統一）を掲げる中国軍の脅威が迫っていた**ことが理由の一つだ。

その意味で、先端半導体工場を防衛力の弱い国や場所に置くのはリスクの高い選択になってしまう。これは裏を返して言えば、平時ではなく準戦時に近い現代では、巨額投資を行う半導体工場を建設するには、軍事力の盾が必要とされるということになる。

もちろん逆に半導体工場は敵国も保有を希望しており、半導体工場があるから逆に攻撃されな

ラピダス工場と三沢基地

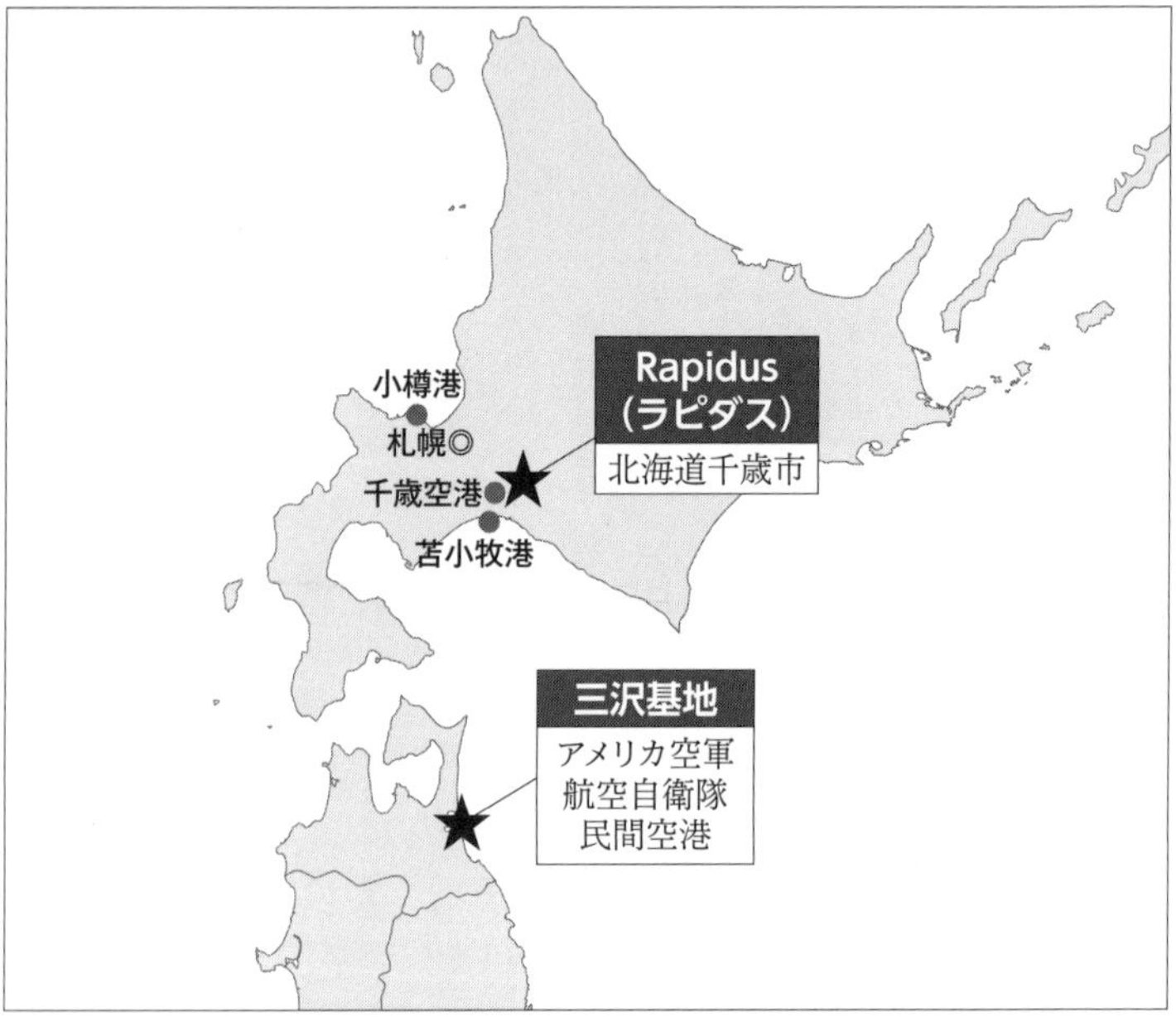

いという「シールド効果」を指摘する専門家もいる。ただ、これは現実的でないだろう。

対中戦争となれば、確実に勝利を得るため、最先端の兵器生産につながる半導体工場は脅威そのものであり、それを温存したままで勝利を得るパターンは米中双方とも期待しにくいと判断しているようだ。

その観点からラピダス半導体工場周辺の状況をみてみると、千歳国際空港の隣接地に建設されるラピダス工場の近くには海を挟んで三沢航空基地がある。

三沢航空基地はＦ35戦闘機などが配備された航空自衛隊と米

軍との共用航空基地で、青森県三沢市にある。基地の前方には海域が広がり、地上の障害物がなく戦闘機の最大速力で目的地に到着できる。

米空軍が三沢航空基地に展開しているのは、第35戦闘航空団。冷戦時代にソ連との冷戦を戦い抜いた空軍の精鋭部隊だ。現在もロシア空軍機の列島侵犯を阻止する空の盾となっている。日米が建設する最新のラピダス半導体工場はこの精鋭航空部隊の前面に出現するわけで、「ラピダス工場を狙うということは、敵陣本丸の真ん前に突入することになる」（軍事関係者）。

もちろん在日米軍基地こそがロシアや中国の軍事目標となり、当然ミサイル攻撃の対象になる。すでに米国防総省は在日米軍基地の防衛力強化に取り組んでおり、周辺国のミサイル基地の監視体制も強化、不穏な動きがあれば直ちに先制攻撃ができる訓練を繰り返している。

さらに注目すべきなのは、この航空団最大の売り物は、現代のハイテク戦に備えた「電子戦」に強い精鋭部隊であるということだ。

電子戦とは、飛来したミサイルや敵攻撃機に対して電波を用いた信号発信により攪乱し、攻撃する作戦だ。具体的には、米空軍第35戦闘航空団のF16戦闘機が電子戦に備えた特殊装置を備えており、ロシアや中国から飛来する敵攻撃ミサイルや戦闘機を電波攻撃する段取りとなっている。さらにはラピダス半導体工場を狙うその発信拠点を突き止め破壊する任務も担っているという。つまり防衛だけでなく、日本の半導体工場を狙う敵国のミサイル発射拠点や爆撃機の拠点を叩くことも可能なのだ。

　看過できないのは、日米共同使用の三沢基地には、米海軍の航空部隊まで配置されている点だ。米海軍には世界でも数少ない電子戦に特化した戦闘機ＥＡ－18Ｇ「グラウラー」がある。これは電磁波妨害専用の戦闘機であり、レーダー誘導ミサイルによって敵ミサイル陣地を破壊することを主要任務とする。つまり、Ｆ16が敵ミサイルや戦闘機を攻撃する盾とするなら、「グラウラー」は相手基地を殲滅する鉾の役割を担う。これが三沢航空基地に配備されている。

三沢航空基地に配備されるF16戦闘機

　世界で実際に使える電子戦機を保有する国は米国とロシアだけであり、通常の戦闘機と電子戦機でタッグを組んだ攻撃が可能なのは米空軍第35戦闘航空団など数えるほどの航空団しかないともいわれる。
　その最先端の電子戦機軍団が三沢航空基地に配備されている。
「グラウラー」は日本の航空自衛隊も羨望する電子戦機であり、三沢基地で米空軍のＦ16と連携することで北海道の空の守りを強固にしている。その結果、戦時で格好の攻撃標的になるラピダス半導体工場は守られ、安全に操業を続けられる。

実は米国防総省で密かに練られている作戦がある。日本ではあまり知られていないが、米商務省と国防総省が合同チームで練り上げた、世界半導体供給網の改革プランの中に含まれた案である。

有事の際、必要と判断した場合に、**日本で生産した半導体の空輸を「米軍が代行もしくは護衛する」という作戦**だ。ここに、日本の半導体工場建設が米軍基地の周辺に集中する、その本当の理由が明らかにされていたのである。つまり、**ラピダス半導体工場から生産された大量の先端半導体を、千歳国際空港から空輸で米国にピストン輸送を繰り返す。有事の際には、米軍機が護衛するか、米軍用機で空輸する。一方で、敵国からの攻撃に備え、世界最強の米空軍電子戦部隊と日本の航空自衛隊が三沢基地から監視飛行を行うという姿**が浮かんでくる。

●日本列島に海外半導体工場が進出するわけ・日米空軍の強力な守り

今や日本列島は半導体工場の設立ラッシュだ。米国のＩＢＭをはじめインテルやマイクロンなど対日投資が相次いでいる。なぜ日本に世界の優秀な半導体企業が進出を急ぐのか。

それは前述したように、

①日本の半導体部品産業の産業基盤

②豊富な水源と強力な電力網

③微細半導体の製造に適した均質で高い労働力
④世界でも正確無比な航空輸送網と海運
などが理由にあげられる。

これは今までマスコミなどで報道されてきた通りだ。

ただ、この地殻変動ともいえる海外最先端半導体企業の相次ぐ日本進出には深い理由がある。

ラピダス半導体工場と三沢軍事基地の関係については先に触れたが、同様の観点から世界の半導体産業が日本に大挙して進出してきている。それは進出する半導体工場の周囲に強力な米軍の空軍基地か日本の航空自衛隊が存在するという構図である。こうした基地にはいずれも最新鋭の戦闘機が配備されている。ラピダス工場には世界最強の電子戦部隊を持つ三沢基地がある。

では、米国の半導体大手マイクロン・テクノロジー社が経営する広島の半導体工場はどうだろうか。ここには隣接する山口県岩国市に米軍海兵隊の岩国航空基地がある。

海兵隊は単なる揚陸部隊ではない。今や航空兵力とミサイルを保有する軍事部隊に変容している。しかも米国の栄光を担ってきた歴史的な成果を背景に、海兵隊の政治力は米国防総省のそれを凌駕するほど強い。

その海兵隊は、オスプレイで兵士を輸送するだけでなく、米軍戦闘攻撃機ＦＡ18ホーネットや

世界が羨望する電子戦戦闘機EA-18G「グラウラー」

三沢基地同様に電子戦戦闘機ＥＡ－18Ｇ「グラウラー」、さらに第五世代ステルス戦闘機Ｆ35Ｂまで配備された最強の布陣となっている。

保有戦闘機数は岩国航空基地だけで自衛隊の航空機も加えると１００機を超え、大規模な航空戦力に膨れ上がる。通常なら一か国の防衛でも保有できない戦力である。これに電子戦と連携した迎撃ミサイルも大量に保有し、さながら陸海空一体となったハイテク戦部隊に進化している。

特に接近したミサイル戦はこの部隊の得意分野であり、周囲にある半導体工場の防衛体制は万全である。

もちろん岩国航空基地に配備された海兵隊の第一任務は、北朝鮮をにらんだ戦力展開であり、戦時には北朝鮮の弾道ミサイル発射拠点を殲滅する役割が期待されている。当然、北朝鮮の弾道ミサイルはマイクロンの広島工場を標的としている可能性が高い。同工場が狙われた場合、北朝鮮への攻撃も含めた強力な防衛網を張ることになる。海兵隊にその能力はある。また、日本の航空自衛隊も北朝鮮の弾道ミサイル発射に対応すべく地対空誘導ミサイル、パトリオット（ＰＡＣ３）を米軍岩国基地へ運び、日米共同で発射実験を繰り返している。

熊本県菊陽町に建設中の TSMC 熊本第1工場（2024年２月）

かつての特攻機出撃基地が今では平和を守る後ろ盾

最近、注目されている半導体受託生産の世界最大手、ＴＳＭＣはどうだろうか。ご承知の通り、ＴＳＭＣは熊本県菊陽町に約１兆円をかけ大規模な半導体工場を建設中だ。

この周辺には米空軍基地はない。しかし、日本の航空自衛隊精鋭部隊が展開する新田原《にゅうたばる》航空基地（宮崎県児湯《こゆ》郡）がある。精強パイロットが集うともいわれる第５航空団３０５飛行隊の本拠地で、多数のＦ15戦闘機が轡《くつわ》をそろえている。

新田原航空基地は、第二次大戦末期に特攻機の出撃拠点になったことでも有名だ。その出撃拠点が時代を超え、「平和日本」の半導体拠点を守る最大の後ろ盾となっているのだ。さらに、新しく配備される航空自衛隊「Ｆ35飛行隊」の本拠地を新田原航空基地に置くことが決まっている。

また、ＴＳＭＣ熊本工場の北方約１００キロには、築城《ついき》航空自衛隊基地（福岡県築上郡）がある。国産戦闘機Ｆ２を擁する第８航空団の本拠地である。九州への半導体産業の集積にも合わせ、防衛能力を高めるため滑走路を２７００メートルに延長することが検討されている。

もちろん、**半導体工場に対する軍事防衛の詳細は重要な米国の国家機密であり、明らかにされ**

ることはない。ただ工場周辺には対空防御システムが配置され、ミサイルや航空機攻撃を迎撃する態勢が整備されているのは事実である。その迎撃態勢の中には、対空ミサイルや対空砲、レーダーシステムなどが含まれており、今や丸裸の半導体工場の建設は考えられない。半導体がすでに重要な軍事物資であることを半導体企業の経営者たちは痛切に認識しているところだろう。

いずれにしても今後、最先端半導体工場を建設するには高度な半導体製造技術に加えて、質の高い労働力の確保、水資源が豊富なことだけで進めるわけにはいかない。半導体工場建設は当該国の防空網が強固な地域に絞られてきており、安全保障上のコストを考えざるを得ないのだ。

その意味でも、**国境を越えた投資効率だけ優先する「グローバル経済」のルールは変容を迫られており、安全保障上の原則を重視する「戦争経済」のルールに代わろうとしている。**

「世界最強の米空軍に守られている製造拠点は日本以外にない」と、欧州系の投資ファンドの幹部は羨む。欧州にはＮＡＴＯ軍があるが、実際の航空優勢は米空軍の匙《さじ》加減で変わってくるのが実態だ。

米軍は明らかに中国やロシアに対する最前線となる日本列島の戦力強化に動いており、日本の空の防衛はさらに強くなってくる。沖縄の嘉手納基地には新たに米空軍の最新鋭戦闘機が大量に常駐することになる。日本列島に海外メーカーによる半導体工場建設の波が押し寄せている大きな理由の一つに、日本の高い防空能力を挙げてもいいのではないだろうか。

そして、**「日本は半導体のサウジアラビアになるだろう」**と、ある米国防総省高官は予言する。

サウジアラビアは言わずと知れた中東のオイル大国だ。サウジアラビアの石油は国際経済の大動脈であり、世界経済を潤すとともに、サウジアラビア経済の大きな発展も促してきた。日本に飛躍の時が来たのかも知れない。

4節　中国の半導体供給網を断て・AI軍事戦争を封鎖

●半導体封鎖で中国を干上がらせろ

日本が「半導体のサウジアラビア」になるのに対し、中国を「半導体の鎖国」にしようとしているのが米政権だ。世界が固唾を飲んで見守る、米政権の中国への半導体供給の封鎖策。この網の目は強化される一方だ。

「中国に半導体を渡す気はない」

こう断言するジーナ・レモンド米商務長官の対中政策は強硬だ。

「安全保障のためにはいかなる譲歩もない」

バイデン政権のレモンド商務長官は２０２３年8月、北京で行われた中国の李強首相との会談後に行われた記者会見で、中国の半導体供給緩和を求める要求を明快にはねつけた。

これは習近平政権にとっては驚きだった。中国側が米国の対中半導体規制の解除に向け凄まじい政界工作を展開し、その成果としてレモンド商務長官が訪中したとみていたからだ。しかも、あろうことか、その李強首相との会談から2カ月後、商務長官はさらに厳しい対中半導体規制策を発表したのである。

対中強硬策を打ち出すレモンド商務長官

それはこれまで規制対象外だった汎用（レガシー）半導体にまで規制の網を広げるとともに、第三国を経由した対中輸出も規制するという内容だった。これには米国を代表する大手テック企業のアップルやマイクロソフトなども当惑の色を隠せなかった。

中国の習近平主席は、これを「米国による技術封鎖」と叫び、米政界やビジネス界への対米工作を猛烈に展開した。中国にはこれまでもワシントンの政界に多額の献金を行い、「反中国」政策を覆してきた戦果がある。その典型が１９９３年末の「クリントン・クーデター」と中国が呼ぶ、クリントン政権の対中強硬策の転換だ。

ビル・クリントン氏は選挙期間中から「北京の肉屋に甘い」と共和党のブッシュ政権を非難し、政権発足当初は対中強硬策を取った。このため、中国共産党は巨額の献金を武器に対米工作を展開。米政権や米議会内に親中派グループを組織し、クリントンの反中政策を転換させたという。マイケル・ピルズベリー米国防総省元顧問によると、「親中派のグループには、国家安全保障担当補佐官トニー・レイク、副補佐官サンディ・バーガー、国家経済会議議長ロバート・ルービン、財務次官ローレンス・サマーズなどが含まれていた」（マイケル・ピルズベリー著『China 2049』）。

サマーズ氏とルービン氏は民主党政権の大物であり、この二人の籠絡に成功すればクリントン政権は金庫番を握られたにも等しかった。「中国に同調する面々が、大統領に反中姿勢の緩和を認めさせたのだ。クリントンがかつて約束したダライ・ラマ（チベット元首）との新たな会談は実現しなかった。対中制裁は緩和され、後に解除された」とピルズベリー氏は書いている。

こうした中国寄りの流れは民主党政権で続いており、今回も「クリントン・クーデター」のような成功を目指していたに違いない。

しかし、中国共産党が籠絡の標的とするバイデン大統領やその息子ハンター・バイデン氏は、中国の献金工作の対象だったとすでに米共和党から攻撃されている。露骨な中国優遇策は大統領選を控えるバイデン大統領にはとりにくい。

しかも、**肝心の米国防総省や軍産複合体が「反中・反露」政策で最大のビジネスチャンス**を見出しているとの観測がある。ここでバイデン大統領が中国共産党側に転べば、政治的な生命は危うくなりかねない。このためバイデン政権は、2022年10月にスーパーコンピューターやAI向けの先端半導体や半導体製造装置を中国に輸出することを原則禁止にした。中国共産党にしてみれば、年々厳格化する米国の対中半導体規制は、得意の対米工作の失敗の結果に映る。

2015年5月の「中国製造2025」宣言で中国を世界トップの半導体強国にすると打ち上げた習近平主席も、ここまで対米関係が厳しくなるとは予想していなかったのではないか。

世界で先端半導体の製造装置を生産できる国は、米国以外に日本とオランダだけだ。米政権の強い要請により、2023年7月に日本、8月にはオランダまで米国に呼応し、先端半導体製造装置の中国向け輸出を規制した。そして2023年10月には、前述したように第三国経由で中国に輸出することを禁じる第二弾の対中輸出禁止策を発表した。

クリントン政権時代から続く米中融合のビジネスの流れを警戒し、米商務省はインテルやマイクロソフトなど「GAFAM」と呼ばれる米国テック企業から、中国への技術流出に対して監視強化している。このため米商務省はCIAだけでなく、米国防総省とも新たに連携し半導体の対中封鎖を強力に進めていくことを発表した。

●エヌビディアの躍動——米政府vs.華人ネットワーク

しかし、こうしたバイデン政権の中国半導体への包囲網を、足元から破ろうとする動きも強まっている。

かつて、世界最強と評価されていた日本の半導体産業を破壊するために、米国は日米半導体協定（1986年、半導体に関して日米貿易摩擦解消を目的にした条約）を締結させ、その一方で台湾や韓国企業に半導体事業育成を全面的にバックアップした歴史がある。

こうした一連の米国の動きについて米国の産業政策専門家、故チャルマーズ・ジョンソン教授が、米国の対外政策は「ブローバック（しっぺ返し）」の繰り返しと指摘したことがあった。つまり、日本の半導体産業を潰した代わりに台湾や韓国の半導体産業を勃興させ、それが中国の半導体産業の発展につながってしまったのだと。

台湾や韓国は、日本以上に親中的な企業が多いといわれる。

特に台湾企業はオーナーに中国本土出身の外省人が少なくなく、政府間のやり取りとは別に、一族（宗族）として国境を越えたファミリーのネットワークを広げている。これが欧米の情報機関には摑みにくく、中国のスパイ監視網の盲点となっているという。

習近平主席の政治的な基盤となる浙江省には、国民党時代から浙江財閥が繁栄していた。後に中国共産党による中国全土掌握に伴って台湾に渡った浙江財閥人は少なくない。この人たちの子孫が、今やハイテク企業などのオーナーになっているケースも多い。

典型的なケースは、前述したようにTSMCの張忠謀CEOだ。張氏は中国・浙江省生まれで、長年米国で暮らしてきたが、同社設立当初から浙江財閥との関係の深さが指摘されていた。

例えば、中国の携帯電話会社、華為技術（ファーウェイ・テクノロジーズ）が回路幅7ナノメートルの半導体を使った携帯電話を開発、販売した際にも、「TSMCの半導体」が流用されたとの見方が強まった。ただその後、ファーウェイの携帯電話を調べた結果、「相応の技術成果はこの携帯電話の機能から発見できなかった」（米メディア）との声もあり、騒ぎは大きくならなかった。しかし、米調査機関からは、米政権が禁止した先端半導体が中国に輸出され対中封鎖策は「失敗している」との指摘も出ていた。

AIに適した画像処理半導体を示すエヌビディアのフアンCEO

こうした中、2024年1月に衝撃的なニュースが流れた。今を時めくエヌビディア（NVIDIA）から、AI製造につながる半導体製品が中国軍や中国国営の研究機関に流れていたというのだ。エヌビディアは米国籍をもつ台湾起業家、ジェンスン・フアン（黄仁勳）氏が創業した。

ロイター通信は2024年1月に次のようにスクープを報じている。

「中国の軍事機関や国営の人工知能（ＡＩ）研究機関、大学などが過去1年間、米国の輸出規制対象となっているエヌビディアの半導体を調達していることが入札資料で明らかになった。

最先端の米国製半導体の規制の抜け穴を、完全にふさぐことの難しさが浮き彫りになった。公開されている入札資料によると、米国の規制導入以降も中国の数十の機関が規制対象のエヌビディアの半導体、Ａ１００やＨ１００などを購入している。

華為技術（ファーウェイ・テクノロジーズ）などが代替品の開発を進めているものの、中国企業にとって依然としてエヌビディアに代わる製品がないことを示している。輸出規制前にエヌビディアは中国のＡＩ向け半導体市場で90％のシェアを握っていた」（ロイター通信、２０２４年1月15日）

バイデン政権による半導体の対中輸出規制が打ち出される中で、米テック企業の動向が関心を集めていた。しかし、今回のニュースは華為技術の携帯電話以上に衝撃度が大きかった。というのも、中国軍が入手したのはエヌビディアのＡＩ関連半導体「Ａ１００チップ」だったからだ。このチップは人工知能（ＡＩ）巨大言語モデル（ＬＬＭ）を構築するには不可欠な部品とされており、しかも中国軍が目指す「ＡＩ戦争」の準備に道を開くとみられている。

米国の調査によると、「A100チップ」を購入したのは中国の精華大学や中国電子科学技術大学など、大学の研究機関だったという。日本とは正反対に中国の大学機関は中国軍と共同研究を進めているケースが多い。だからこの「A100チップ」はすでに中国軍の研究機関に流れていると覚悟しなくてはならない、というのだ。ただ、エヌビディアはバイデン政権の対中輸出規制について表向きは守る姿勢を示している。

米当局が監視するゲーム用半導体では、処理能力を落とした半導体チップ「GeForce RTX4090D」を2024年1月から中国での販売をスタートした。これは米政権による対中輸出規制強化に対応した製品であり、今後も中国市場向けに処理能力を落とした半導体チップを開発するという。米政権の基準をやや下回る半導体製品を独自に開発し、中国に販売するというエヌビディアの抜け穴商法だ。

レモンド商務長官はこうした動きを批判し、「規制対象の性能基準を下回る半導体を設計しても、**AIに利用される製品は、商務長官たる私が即刻阻止する**」と言い切っている。

●米商務長官の次の一手は、完全「中国封鎖」か

「ここまでやりますか」と、日本の半導体企業のある経営者も苦渋の色を浮かべた。米商務省が先端半導体だけでなく、汎用（レガシー）半導体も対中ビジネスの規制対象として検討し始めた

からだ。

この汎用半導体とは、日常の家電製品や携帯電話、自動車などに使われる半導体である。先端半導体とは異なり、古いプロセス技術で製造された半導体で、これまで対中半導体規制の対象外となっていた。

中国製の汎用半導体を米国市場から叩き出すと共に、米国製の汎用半導体も中国への輸出を規制するという。まさに**「全半導体の中国封鎖」という極限状態を目指す**ことになる。

ここまで実施すれば、エヌビディアのように政府の基準を下回る半導体を製造して中国に輸出することはできなくなる。そこで、まず2024年1月から全米で汎用半導体の実態調査を行った。米国内に入り込んでいる中国製の汎用半導体を洗い出し、米国市場から駆逐するのが狙いだ。

調査は商務省産業安全保障局が担当する。調査では全米の電気通信、自動車、防衛、航空宇宙業界など主要産業のサプライチェーンを調べ、中国製汎用半導体の調達と使用状況についてデータを収集する。そして米国内の半導体サプライチェーンを完全に掌握し、中国に依存しない半導体サプライチェーンを構築する。それが目標だ。

すでに米下院特別委員会では、中国製汎用半導体について高い関税を課すよう求めている。中国の汎用半導体メーカーは、これまで安値攻勢で世界市場シェアを伸ばしてきた。だが、米政権は、中国政府からの巨額資金を受けた中国メーカーの汎用半導体分野における世界市場覇権によ うやく気付いたのだろう。

レモンド長官は宣言する。

「米国の輸出規制を迂回する方法を見つけようと中国は日夜、懸命に探している。しかし米政権は（日本などの）同盟国と共に規制を強化し、一段と真剣に規制の執行に取り組む必要がある」

米政権の逆襲が始まる。長年中国を育てた関与政策から、ハイテク封じ込め政策への転換。それは中国の半導体業界はおろか、日本の半導体業界にも大きな影響を与えずにはおかないだろう。

●中国が仕掛けるＡＩ戦争・未来戦争の恐怖

半導体封鎖に国運を掛けるバイデン政権。

米政権が必死で先端半導体の中国流出を防止するのは、ＡＩ（人工知能）搭載の兵器システムによって米軍が退勢に追い込まれる危険があるからだ。

半導体が支える究極の軍事技術、それはＡＩ搭載の軍事兵器だ。人間の指示を待たずに自律的に攻撃できるドローンやミサイルシステム、サイバー兵器にまで開発が進んでいる。中国のＡＩ戦争は現実味を帯びており、すでに中国人民解放軍が宣言していることなのだ。

中国は「軍民融合」戦略を掲げてＡＩ開発に多額の投資を続けている。米国との対話に応じる姿勢を見せて時間を稼ぎ、技術的優位性を狙っている可能性が指摘される。

中国軍は、国務院（中央政府）の公式発表の国防費予算とは別に、戦区ごとに莫大な予算を握っている。このため、各戦区独自に米国や台湾企業からＡＩチップを購入することができる。中国共産党には、日本の政界のように「親中派」の幹部がいて、ＡＩ兵器開発を政治的に邪魔するという心配もない。

ロイター通信は２０２３年5月、中国人民解放軍の地方レベルの司令官の言葉を次のように伝えている。

「中国人民解放軍（ＰＬＡ）西部戦区司令官の汪海江氏は、ウクライナ危機を教訓に、西側諸国との対立に備えて人工知能（ＡＩ）などの新技術を従来型の戦術に組み込むべきだと主張した。政府系新聞に寄稿した。

汪氏は寄稿で政治、金融、技術、サイバーなど各方面での戦いが絡み合うハイブリッド戦という新しいジャンルがウクライナ紛争から生まれたと指摘。

現在も将来も、地域紛争や混乱が頻発し、世界的な問題が激化しており、世界は新たな混乱と変化の時代に突入しているとした。

その上で「特に一部の西側諸国による封じ込め、包囲、切り離し、抑制、軍事的脅威がある中で、さまざまな『黒い白鳥』や『灰色のサイ』のような出来事がいつ起きてもおかしくない」と続けた。

「中国は、ＡＩ、情報ネットワーク、航空・宇宙などの分野で能力を高めることで、新たな軍事的優位性を追求すると強調した」（ロイター通信、２０２３年5月16日）

西部戦区とは、中国の内陸部にあるチベット自治区などを管轄する。米国や日本などという西側の大国とは直面していない軍区だ。そうした軍区でもＡＩ戦争の準備を急いでいる。日本や米国と対峙する東部戦区や南部戦区に至っては、ＡＩ戦争の体制作りがどれくらい進んでいるか推して知るべしだ。

米国防総省には悪夢がある。米軍が優位を誇る核弾頭の発射システムが中国軍のＡＩを搭載したサイバー兵器によって知らない間にハイジャックされ、「核抑止力」が封じ込まれる。その直後に、ＡＩサイバー攻撃によってすべての米軍事基地も機能不全に陥り、米国は中国と一戦も交えることなく「白旗」を掲げる――**表面的な戦闘が行われることなく戦争に勝利する未来戦争の究極の姿だ。**

もちろん現実はこうしたシナリオ通りに進むとは到底思えないが、すでに米国も中国もＡＩ搭載兵器の開発を全力で推し進めているのは確かだ。

兵力の規模から武装の配備という構成で戦ってきた、これまでの戦争。これからの戦争では単に兵装だけではなく、膨大なデータ収集と連携した作戦、アルゴリズム、セキュリティー防衛と

いう**要素が重要な戦力**になるとの見方もある。

米国防総省の伝説的な戦略家アンドリュー・マーシャル氏の最後の懸念も、長年築いた「米軍の優位性」がＡＩやサイバー戦によって崩されることだったという。

バイデン大統領は２０２３年11月の習近平主席との会談で、ＡＩ技術の軍事転用などを巡り両国がリスクを適切に管理することで合意したという。米国にはＡＩの判断による核攻撃の危機を回避するため、ＡＩの軍事転用に一定の「歯止め」をかける狙いがある。しかし、中国はＡＩ兵器の開発こそ「米軍の優位性」を奪う機会とみて、開発に多額の投資を続けている。

「米国との対話は時間稼ぎ」。これが中国の伝統的な外交だ。提案に応じる姿勢を見せて開発の時間を稼ぎ、中国のＡＩ技術の優位性を確立する戦略が透けて見える。

半導体を巡る競争は単なる産業競争ではない。核戦力の優劣以上に国家の存亡をかけた戦争そのものなのだ。

この半導体封鎖に失敗すれば、中国によるＡＩ戦争の恐怖が襲いかかる。

だからこそ、米国は日本の半導体産業を丸のみにせんばかりに協力関係を迫っている。

4章

日米共同の国防バブル発進

1節　中国製部品すべてを防衛装備から排除せよ・米国防総省の大転換

●中国製を叩き出せ・ペンタゴンの大号令

日本の半導体産業が米国防総省の最大支援を受けて復活の道のりを歩み始めたことをこれまで述べてきた。1980年代の日本叩きの景色が一変した。しかし、これは産業のコメである半導体だけに限らない。

日本のメディアは報じていないが、米国では中国製品の規制は産業全般に広がる可能性が高まっている。というのも、**米防衛産業における中国製品の依存度が深刻**だからだ。米軍の誇る弾道ミサイルから主力戦闘機、開発を進めるサイバー兵器、軍隊が使用する日常の装備品まであらゆる領域に中国製品が入り込んでいる。危機感を覚えた米国防総省は2022年、極秘に防衛関連産業に対して中国製品の使用ケースについて調査を行った。

その結果は驚くべき内容だった。公表されてはいないが、国防総省が調査した部品数だけでも天文学的な数にのぼったといわれる。一般的に戦闘機の部品点数は約30万点以上だ。しかも、その多くに中国製品が採用されていた。

「ため息がもれるほど絶望的だ。半導体だけではない。電子機器からボルトに至るまで軍事メーカーに納入する製品やシステムにどれだけの中国製の部品が組み込まれているのか、大変な事態になっている」と国防総省国防兵站局の担当者は衝撃を隠せなかったという。

クリントン、オバマ、バイデンと、長年の民主党政権下で国防費に強力なコスト削減を迫った結果が招いた事態だ。大手軍需企業は、部品の納入業者にコスト削減を要請し、納入業者はその要求にこたえるため当時、低価格を売り物にしていた中国製品に頼り続けた。その挙句、気が付いてみれば米国の防衛サプライチェーン（供給網）に深刻な危機を招いていた。

「今となっては容認できない中国依存だ」と米上院軍事委員会は裁断を下した。

日本の防衛省の元幹部も、同盟国米国のこうした事態を憂慮する。米国が中国と戦端を開けば、中国は直ちに重要な物資の対米輸出を停止するだろう。その時では遅いのだ。戦端を開いた時に、米軍はどの防衛部品が中国製であったかを思い知らされるかもしれない。米国軍需大手の下請け企業に、中国からの部品が突然ストップするという悪夢が出現するのだ。

この事態を深刻に受け止めるのは米国防総省だけではない。ウクライナ戦争に忙殺されるバイデン大統領も、2023年11月にサプライチェーン改革の大号令を発令した。中国との軍事紛争に備えるには、短期間で中国製品への依存度を下げる必要に迫られる。これは誰がみても正論だ。

供給網の大改革の切り札は、中国依存を改めサプライチェーンを多様化するしかないだろう。といっても現実的に米国側の求める部品の精度、納期、品質に答えられる国や企業はそう多くはない。必然、中国に代替するサプライチェーンを用意できるアジアの同盟国は絞られてくる。

その「**代替サプライチェーンのど真ん中に日本企業がいるのです**」

日本のある大手商社の担当者（機械部門）は指摘する。大手商社の防衛部門は脆弱と指摘されるが、一部は動き始めたようだ。多くの日本企業はまだこのリアルさを理解していないが、このサプライチェーン多様化は歴史的な大きな商機となる。

しかも、１ドル１５０円台という歴史的な円安局面が追い風となり、後押しする可能性がある。価格面でも中国製の部品を凌駕できる千載一遇のチャンスが訪れているのだ。

日本では報じられていないが、**前代未聞の「サプライチェーン特需」の大波がやってくる可能性がある。**

実は、これを明確に見抜いていたのは故石原慎太郎・東京都知事だった。

湾岸戦争の米軍ミサイルの多くは日本の半導体で製造されていた。「日本が半導体をソ連に売ってアメリカに売らないと言えば、軍事力のバランスはがらりと変わる」と発言、米政府の弱点を射抜いた指摘であり、逆にその後の米政権による日本の半導体製造潰しのきっかけともなった。

今度は米国にとって、半導体はおろか、あらゆる分野で日本製品の下支えが必要となるだろう。

●衝撃のF35納入停止・ロッキードにも中国製部品

「ため息が出る」ような米軍需産業界の中国依存ぶりに対して、諦める雰囲気が米官民の一部で強かったのも事実だ。だが、このため息が出るような中国依存との決別を行き渡らせる事件が起きた。世界の空を雄飛する第五世代ステルス戦闘機「F35」、この機体を製造する防衛産業の大手ロッキード・マーティン社に対し、米国防総省は2022年9月、米軍にF35の納入禁止を命じたのだ。

「まさか天下のロッキードに納入ストップとは」と、ニュースは世界の国防関係者の間を駆け巡った。最新ステルス戦闘機を製造するロッキード社に対し、戦闘機の納入ストップを掛けるとは、どれほど深刻な事態が起きたのか。すでにイスラエルをはじめ主要先進国にも配備が始まった新鋭機だけに、世界の国防関係者は固唾をのんで事態を見守った。機体にリスクが発見されたのであれば、自国に配備した国では運用を止めなければならないからだ。

ペンタゴン側は一時的な納入禁止措置で、「米軍や海外の同盟国に既に納入されたF35の運用が妨げられることはない」と説明したが、米国防総省の納入停止という荒業に多くの問い合わせが殺到した。しかも、その理由は戦闘機に不具合が生じたり、トラブルが発生した、ということではなかったからなおさらだ。

F35にも中国製部品が…

問題になったのは、F35のエンジン（プラット&ホイットニー製）に取り付けられているターボマシン・ポンプと呼ばれる機械だ。ターボマシン・ポンプに使用される潤滑油ポンプの磁石に、中国製合金が使われていることが判明したのだ。

その合金が戦闘機の飛行などに影響を与えることはなかったが、米側の定めた特殊金属に関する国防規則に違反したという。米国防総省の調達規則は、ロシアや中国、イラン、北朝鮮で製造された特殊な金属または合金の使用を禁止している。とくに軍用機で使用する金属について、「特殊金属に関する国防規則」をつくり監視を強化していた。この目的は中国製を完全に排除するためだ。

発表によれば、ロッキード社の下請け業者が磁石に使われている合金が中国製だと気づき、自主申告したということになっている。ただ、世界の防衛産業に与えた影響は大きかった。自主申告の形を取ったとはいえ、最大のバイヤーであるペンタゴンが細部の部品まで中国製に目を光らせていることを物語るものだったからだ。部品コストをいくら抑えても、中国製部品の使用が発覚しただけで製品全体の納入がストップされたらたまらない。巨額の納入金額そのものが失われかねない。

米国防総省の排除の意思を、防衛産業に関連する企業があらためて思い知らされた格好だ。

ロッキード社側はただちに代替品を探し、早急に切り替えに動き出した。

ロッキード社と取引関係のある日本企業は、三菱重工業や三菱電機など協力関係を築いている企業は多い。関係者によると、ロッキード社は一部の日本企業に代替品の打診をしたという。

ただ看過できないのは、日本企業には日本特有の「風評被害」を恐れて、米国防衛産業との取引を公表することをためらう傾向があることだ。戦後のマスコミは国防分野を忌避し、腫れ物扱いにする傾向があり、市民団体を称する政治団体から抗議運動を呼び込んできたからだ。

米防衛産業との関係拡大は、日本のみならず世界の民主主義諸国家の防衛に役立つ事業であるにもかかわらず、いわれなき誹謗中傷を受け日本の潜在的な技術力も封じ込まれてきた。

●日本企業の眼前に押し寄せる「歴史的な軍需の大波」

しかし時代はひたひたと変わってきた。

「米国の防衛関連企業から、日本企業に連携の打診が相次ぐようになっている」と日本の大手商社の機械担当者は打ち明ける。中国製品の排除などできないと高をくくっていた米関連企業が、真剣に締め出しに動き出したという。

さすがに即座に防衛関連の全部門で中国製部品の締め出しをするというわけにはいかないが、

米側が重視するＡＩ、電気通信、戦闘機やミサイル、電子機器などの重点項目分野では、排除を鮮明にしている。

しかもバイデン大統領の大号令を受け、米国防総省は中国製品への依存度を下げるために省発足以来の供給網多様化プログラムという大改革に乗り出した。特にその供給網多様化の中心プレイヤーと位置づけられるのが、今は世界4位の経済大国日本だ。


実際、日本企業の多くは戦後、米防衛大手5社と連携関係を広範囲に築いており、米軍のサプライチェーン大改革では主役級のプレイヤーとしての活躍が期待されている。例えば、前述したように世界の防衛企業で売上高トップのロッキード社以外にも、売上高2位のレイセオン・テクノロジーズ（ＲＴＸ）も三菱電機など多数の日本企業と協力関係を築いている。

日本経済新聞の報道によると、三菱電機がＲＴＸの軍艦用レーダー「ＳＰＹ－６」向けに電源装置を納入する。「ＳＰＹ－６」はフリゲート艦から空母に至るまでが使用する最新鋭レーダーで、この基幹部品を納入すれば、世界に向かって新たな防衛市場が開かれることになる。

日米の新しい産業関係の将来性を見越して、欧米の大手防衛企業が次々とアジア本社を日本へ移転している。すでにロッキード社は、アジアの統括機能を持つアジア本社をシンガポールから東京に移転した。英国の防衛大手ＢＡＥシステムズも、２０２２年1月にマレーシアから東京にアジア本社を移している。欧米の防衛産業の幹部が毎月のように来日するようになり、日本の市

防衛装備移転三原則

①紛争当事国への移転や国連安保理決議に基づく義務への違反などは禁止
②平和貢献・国際協力の積極的な推進や日本の安全保障に資する場合
③目的外使用や第三国移転は日本の事前同意を相手国政府に義務付ける

※2023年12月に「運用指針」を改正し、日本のライセンス生産品について特許をもつ国への輸出を解禁。

場動向調査から始まり企業調査、日本政府関係者との連絡に余念がない。

しかも折からの円安で、日本製品の価格競争力は高まっている。「安さ」をアピールした中国製品と価格面でも十分勝負できるという。最大の障害は日本政府の「武器輸出三原則」だったが、故安倍晋三首相のイニシアティブで2014年4月に新たな政府方針として「防衛装備移転三原則」が閣議決定された。厳しい条件付きで防衛装備品は輸出できるようになった。

米国防総省の予算は、表向きだけでも2024年度予算で約8420億ドル（日本円で約130兆円）。国防予算としては世界最大の規模だ。日本政府の年間の国家予算分（一般会計）に匹敵する。

主な代替部品の関連産業として挙げられるのは、「金属加工関係、半導体関係、弾薬砲弾関係、化工品素材関係」などと産業全般に広がる。これだけ広範囲の産業分野で大規模なサプライチェーンの代替需要が発生すれば、どうなるのだろうか。米国防総省の国防兵站局を中心に進む中国製品の摘発と、外国産に切り替える大改革。時間はかかるが、長期的に見た場合その矛先が日本に向かえば、日本経済には相当なインパクトを与える。

戦争が起きる前に、戦争時並みの大規模な需要が発生するだろう。「代替需要が本格化すれば、日本にとって朝鮮戦争並みの特需になるかもしれない」（米投資ファンドのアナリスト）。

こう予測する金融関係者も出てきた。

●初の「国家防衛産業戦略」で兵器増産を同盟国に呼びかけ

同盟国の日本にお鉢が回ってきた兵器開発や生産での協力の呼びかけだが、これは一時的な対応ではない。防衛産業を基軸として進める中国外しのサプライチェーン改革は、米国の全産業に影響が及ぶだろう。

2024年の年明け早々、米国側のサプライチェーン改革の大号令が響き渡った。多くのマスコミは報じていないが、米国防総省は1月11日に「国家防衛産業戦略」（National Defense Industrial Strategy、写真）を発表し、民主主義陣営の防衛産業の再建を世界に宣言した。

これは米戦略報告書が警告した「中露同時戦争」への準備の一環となる。

この「国家防衛産業戦略」は軍事戦略を説いた戦略報告ではない。兵器生産に照準を定めた報告書となっており、こうした報告書は同省創設以来初めてという。ここには同省が得意とした世界の軍事情勢や軍事ドクトリンの分析はなく、中国依存のサプライチェーンの脆弱ぶりを警告した分析が詳しく示されている。さらに、防衛産業の再構築を米国の政策目標に掲げるだけではなく、同盟国や友好国に米国と協力して防衛産業の再構築を提言した異例な内容になっている。

その緊急性への認識は強烈だ。

国家防衛産業戦略では、まず内外に「強靭なサプライチェーン構築（Resilient Supply Chains）」を呼びかける。しかも単に「脱中国」供給網の再建を呼びかけているだけではない。「中国は30年間、電子機器や造船、希少鉱物という重要分野で世界最大の産業大国に成長した」と指摘する。

米国防総省の「国家防衛産業戦略」

そのうえで、中国は兵器の生産力をグローバル経済の下で巨大化させ、「米国や欧州、アジアの同盟国を合計した生産力を上回っている」と結論付けている。

これは由々しき事態だ。

第二次世界大戦で米軍が勝利したのも、兵器生産力の優位が大きい。

中国の兵器の生産力は、日米諸国を合計した兵器の生産数をはるかに上回る。敗北回避のため、国家防衛産業戦略は「世界的な防衛生産増強とサプライチェーン強靭性の向上のため、同盟国やパートナー国の参加促進」を訴える。

つまり、この**中国の巨大な兵器生産力に対し、米国一国の努力では不十分で同盟国も兵器生産の能力を増強しなければならない、**というわけだ。これは同盟国へのあからさまな増産要求なのである。

念頭にあるのはウクライナ戦争での兵器の不足だ。兵器の数でロシアや北朝鮮に負けそうな欧米諸国の兵器生産体制の脆弱ぶりがある。

バイデン政権が中国のロシアに対する兵器供与に政治力で歯止めをかけているうちは、まだウクライナ勝利の望みもあるが、この制御が利かず中国の兵器が大量にロシアへ流れれば戦況は悲惨なものとなる。

そして、国家防衛産業戦略が求めるのは、「有事の際の生産能力の余力の確保」だ。すなわち戦争が発生した場合に備え、兵器生産能力の余力を米国や同盟国に求めているのだ。

生産能力の余力とは、想定外の戦争に備え防衛装備品を生産し在庫を大量に抱えることを意味する。兵器はあるが、砲弾はないでは困るのだ。欧米諸国がウクライナ戦争で直面したこのような事態は二度と許されない。兵器庫に砲弾やミサイルがあふれるほど増産せよ。

それは米国だけの責務ではない。同盟国や友好国の役割でもある。「国家防衛産業戦略」はこうみている。米国の欠落した防衛供給網を日本が担い、その生産力増強の要求に日本が応えることを求めているのだ。

日本への歴史的な軍備の増産要求は迫ってきている。

●ペンタゴンの調査チームが蒲田にまでやって来た

この歴史的な軍拡要求に応えるには、民間部門の技術力や生産力を取り込むしかない。それも米国内だけではなく、同盟国の民間企業もフル回転させる必要があるのだ。

日本政府よりも米国政府の動きは早い。

マスコミにはほとんど知られていないが、新たな防衛サプライチェーンを作るため、ペンタゴンは驚くべき動きに出ている。米系投資リサーチ企業に日本の各産業における独自技術について徹底的な調査を依頼したのだ。将来、防衛装備品の開発や生産に活用できないか調べるためだ。三菱重工や三菱電機など重厚長大の国防産業との連携だけでなく、日本各地にある中小企業まで足を延ばし、米防衛産業の代替サプライチェーンに組み込もうとしている。

こうした中、すでにペンタゴンの意向を受けた民間調査チームが東京の蒲田や東大阪市の中小企業の工場がひしめくエリアを密かに調べて回っている。「ＮＡＳＡ」の宇宙技術を担うといわれる蒲田周辺や大田区には機械工業や金属加工の中小企業が多数あり、「精度の高い部品産業の宝庫」（米系投資リサーチ会社）となっている。

また交通アクセスも羽田空港に近接しており、横須賀や座間など在日米軍基地にも近いという抜群の立地である。大田区には4000社近い工場があり、超音波モニターの製造など防衛産業の可能性を開く技術が多いことも指摘されている。

ある在日米軍関係者も「米軍は宇宙軍へのシフトを進めている。アメリカの基地周辺にKAMATAのような部品産業の集積地はあまりない。理想的な環境だ」と話す。ただ、米軍の求める量産化に問題のあるケースも出てきており、今後日本側とも協議して、「独自技術の量産化」という課題に取り組めないか検討するという。

これまで日本の製品は防衛装備品のコアな部品になっているケースも多いが、グローバル経済下の平和な環境ではあまり認識されてこなかった。しかし、戦争経済が進むと脅威国家との貿易分断が進み、サプライチェーン上の重要性が増す。蒲田の工場群のように最終製品ではないが、ロケットやミサイルのサプライチェーンを支える中枢部品の生産や技術を提供できる企業が日本列島に多数存在する。日本の中小企業がこれまで以上に見直されてくるのではないだろうか。

もちろん企業調査は水面下での活動であり、表面化するケースはまれだが、たまたま表に出てくるケースもある。ロイター通信が、「米軍が日本から火薬の調達検討、ウクライナ向け砲弾用」という見出しで次のように伝えている。

「ウクライナへの軍事支援を続ける米国が、砲弾の増産に必要な火薬を日本企業から調達しようとしていることが分かった。西側諸国がウクライナに戦車などを送る中、殺傷能力のある武器の輸出を禁止する日本は防弾チョッキなどの供与にとどめてきた。政府が輸出を認めれば、間接的ながら弾薬の支援に関わることになる。

事情を知る関係者2人が明らかにした。うち1人によると、米国は陸軍の工廠で製造する155ミリ砲弾に必要なトリニトロトルエン（TNT）の調達を日本企業に打診した。155ミリはウクライナ軍が最も多く使う砲弾の1つで、ロシアの軍事侵攻が長引く中、支援を続ける米軍は増産するためのTNTが不足している。

米国は日本を弾薬製造の供給網に組み込みたいと考えていると、同関係者は言う」（ロイター通信、2023年6月2日）

この会社は広島県呉市にある化学製品の会社で、155ミリ砲弾に使うTNT火薬を製造している。もちろん、この会社はロイター通信などの取材に対し米軍や米国政府から打診は受けたことはないとしている。

しかし、呉の化学工場への砲弾依頼は歴史的な転換を象徴しているのかもしれない。

呉は日本海軍の戦艦「大和」をはじめ、日本海軍の軍艦133隻を建造した日本最大級の軍港だ。第二次世界大戦で日本の最大の軍艦製造拠点として、米軍の戦略爆撃機「Ｂ29」の大空襲によって焼き払われた。

しかし歴史は再び巡ってきた。

約80年後に役回りは回転し、その軍港の工場に爆弾を落とした米軍が、今度はウクライナ戦争支援のための砲弾の供給を求めてきたのだ。それだけではない。後述するが、米海軍の艦艇が大規模な修繕（ＭＲＯ）のため、安保情勢次第ではタンカーを製造してきた呉港のドックに押し寄せるかもしれないのだ。

これは氷山の一角だ。

米国や欧州の投資会社はこうしたマイナー企業の潜在力を極秘に調査しており、その視線は全国の発見されていない「グローバルニッチ」の民生技術に向かうのだ。非上場で規模は小さくても、世界から注目される企業。

これは半導体部品のケースなどでも明らかだ。

代表的な技術では、「化学製品技術、繊維製品技術、機械製品技術、半導体関連技術、船舶技術、エンジン技術、電子関連技術」など枚挙にいとまがない。戦争経済では、いままで当たり前のようにみられてきた日本の産業技術に陽が当たり、再評価を受けて外国から受注が舞い込むようになる。

例えば、火薬製造などの直接的な軍事製品でなくても、電磁波シールドに役立つ銀メッキ繊維や新たな炭素繊維複合素材などは、米国防総省が目をさらのようにして探している企業だ。機械・加工部門から化学・素材、電気・電子部門などその範囲は多岐に広がっており、こうしたニッチ企業が欧米の大手企業と新たなに取引を結び、国内市場から海外市場に飛躍するケースが続出するかもしれない。

世界有数の資産運用会社ブラックロックのラリー・フィンクCEOは、2章でも触れたように「日本の奇跡の再現」を予言した。その理由についてマスコミからいろいろと憶測が出たが、米国の「脱中国」の供給網改革と日本の部品産業の隆盛に直接触れたものはなかった。

フィンクCEOの予測は、脅威国との貿易分断が進むことが背景にある。そして米国防総省を中心に進むサプライチェーン大改革の中で起こる日本企業の新たな活躍が視野に入っていたのかもしれない。

2024年3月末、日本株の大量保有報告書が兜町の証券界の密かな注目を集めた。フィンクCEOが率いるブラックロック・ジャパンが、ある日本企業の株式を5％以上買い集めていたのだ。

その企業は日本の工作機械メーカー、DMG森精機だった。3月22日付で財務局に提出された「株式大量保有変更報告書」で同社の株式を5・5％まで買い増ししていたことがわかった。DMG森精機の生産する工作機械は、砲弾製造にも必要な生産機械だ。実は砲弾不足に悩むロシアや西側軍需企業がのどから手が出るほど欲しいのが日本の工作機械メーカーの製造設備なのだ。

２０２３年には森精機の工作機械がロシアに流出したとしてウクライナ政府が激怒、ロシアに協力するブラックリストに掲載され、森精機側が「ウクライナ侵略後、ロシアに機械を供給していない」と否定する騒ぎまであった。

「ウクライナへの砲弾供給が遅れる米国陸軍で不足しているのは、今や砲弾だけではありません。米国では品質の高い砲弾を製造できる工作機械が足りないのです」と米国防総省（国防兵站局）の担当者は密かに打ち明ける。ブラックロックはこうした日本企業の株価の成長性にすでに目をつけている。

●対米特需、戦後最大の「いざなぎ景気」を超えるか

日本経済は１９５０年の朝鮮戦争以来、米国が大戦争を繰り広げるたびに大きな需要を受け、高い経済成長率を実現してきた。

過去には10年以上も続いたベトナム戦争の軍需効果により、「昭和40年不況」（１９６５年）の最中にあった日本経済を救ったことがあった。その特需で需要を底上げし、戦後最高の高度経済成長期「いざなぎ景気」を導いたとの研究まで報告されている。この「いざなぎ景気」は１９６６年11月から１９７０年７月まで４年９カ月続いた。日本経済が急速に発展した時期で、この間、

「いざなぎ景気」前後の日本経済

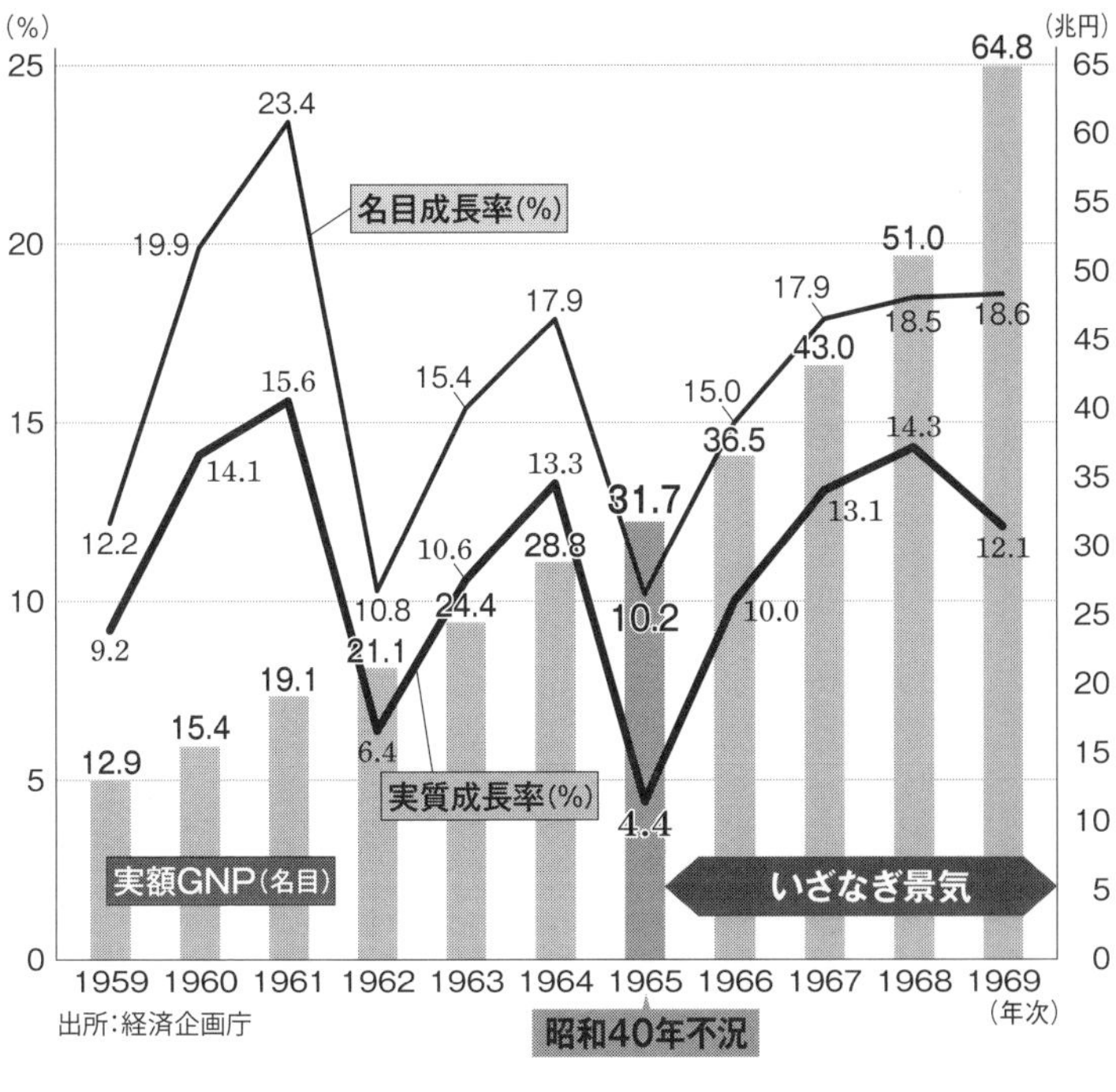

出所：経済企画庁

日本の国民総生産（GNP）は1428億ドルとなり西ドイツ（当時）を抜いて世界2位の経済大国に躍進した。

実質経済成長率（表参照）を見ると、「いざなぎ景気」以前は大企業の倒産が相次ぎ、それまでの二桁成長から4・4％に失速した。しかし、1966年に入ると再び10％成長と急回復を遂げた。約1年で二桁成長率に戻るという離れ業を演じた。そして1969年の米軍のベトナム撤退開始まで二桁成長が続いた。

分水嶺となった1965年に何が起きたのか。

米国のジョンソン民主党政権が、1965年末に「北爆」と呼ばれるベトナム空爆を開始した。この後ベトナム戦争は本格化し、ジョンソン政権は米軍の撤退が始まる1969年まで「北爆」を続けたのだ。

米国は「北爆」だけでも400億ドルの軍費を投じ、約600万発もの爆弾が北ベトナムに落とされた。ただ、それが米国に巨大な需要を生み出し、武器、弾薬、軍用輸送機などの生産が拡大し、これによって米国内の工業生産が刺激されたのはいうまでもない。米国経済は拡大し雇用が増加した。

実際、1964年から1969年のベトナム戦争により、米国経済はそれまで4%前後の成長率だったものが、毎年6%前後の高成長を達成し景気が拡大した。

同時に、日本も対米輸出を拡大している。

具体的には、自動車や機械部品、電化製品などの輸出が急増し、これが日本の景気を牽引した。さらに、あまり報道されていないが、ベトナム戦争期には日本企業の一部が軍需関連産業に参入。ベトナム戦争で活躍した軍用ヘリコプター部品、戦闘機エンジンなどの関連事業や、揚陸艦などの造船にもかかわった。「三交替制が必要になるほど、中小企業には戦車や戦闘機などの修理が舞い込んだ」と当時の通産省通商局の幹部は話す。さらには関連部品の対米輸出急増もあって、日本経済の屋台骨となっていた重工業や電子産業に事業拡大チャンスが訪れたのだ。

「いざなぎ景気の牽引役は対米輸出であり、**対米輸出の隠れた主役は防衛関連製品**だったのではないか」と、ある米投資銀行系アナリストは最近、ズバリこう分析した。

実際、当時の経団連の稲山嘉寛副会長は、1977年11月の記者会見で「日本の経済は朝鮮戦争、ベトナム戦争が舞い込んで発展した」と本音を吐露している。

もちろん、戦闘機のような直接的な兵器輸出ではなく、兵器に必要な重要部品や防衛装備品の輸出である。これならば貿易統計上の品目も、機械部品や化学工業品、金属類などで済む。

こうした対米輸出の急増が、戦後2番目の長さを誇る景気拡大局面を牽引したのであれば、**「米国からのサプライチェーン改革に伴う代替需要の大波は日本経済を刺激する可能性がある」**。

つまり**「いざなぎ景気」のような息の長い景気拡大局面が2024年から始まるのではないか、**と米投資銀行の担当者は予測しているわけだ。

その兆しはある。

内閣府が2024年2月15日に発表した2023年の国内総生産（GDP）は、前年と比べ実質成長率1・9％増、名目成長率5・7％増と健闘した。名目成長率の実額は591兆円と初の600兆円台をうかがう展開になっている。この高い名目成長率の伸びは、1991年の6・5％増に迫る勢いだ。

確かに2023年10月～12月期でみると、実質GDPは前期比0・1％減と予想外に下振れとなった。しかし米国経済の成長に支えられ対米輸出は伸びており、今後は賃金上昇のバイアスが実現すれば、成長サイクルが戻り成長率を底上げするだろう。予想される対中貿易の失速を、対欧米貿易で補う成長の筋道も見えてくる。

実際、日本経済の潜在成長率は、半導体関連企業の研究開発投資や設備投資増加で上昇しており、これに米国のサプライチェーン代替投資が加われば乗数効果は拡大する可能性がある。岸田政権のような国民負担を押しつける大緊縮政策が転換されれば、2015年に安倍晋三首相が掲げた「GDP600兆円」の目標は、2024年度には達成されるかもしれない。

米国防総省の脱中国のサプライチェーン改革の進展度合いにもよるが、**「日本経済に凄まじい防衛需要のビッグウエーブ」が時間はかかるが押し寄せる。それは息の長い経済成長サイクル入りの点火になるかもしれないのだ。**今後、名目3％前後の成長が続けば、「GDP800兆円」への成長も2030年後半には見えてくる。

2節　中小企業を中心に多様な業種に広がる防衛産業の創出

●「ランボー大使」の離れ業、MROで造船業に対米特需か

「米政界のランボー」の異名を取るラーム・エマニュエル駐日大使。その行動は直接的で具体的だ。どういうことかというと、日本経済を復活させた朝鮮戦争特需を呼び起こすような行動に打って出たのだ。

２０２４年の新年早々、大胆な方針を発表した。

「**米第七艦隊の修理はすべて日本に委託する**」

横須賀に本拠地を置く米海軍第七艦隊に所属する艦船の大規模修理を、日本の民間造船会社に委託することを明らかにした。そのために日米共同の作業部会を防衛省や米海軍、日本の造船業界代表者と立ち上げたという。

米第七艦隊は米海軍最強の艦隊の一つ。原子力空母「ロナルド・レーガン」（現在は原子力空母「ジョージ・ワシントン」

2024年５月16日、米軍横須賀基地から出港する原子力空母ロナルド・レーガン

横須賀のドックもMROの拠点に

に交替中）を中心に、イージス艦や潜水艦などで遠征打撃軍を構成し、艦艇70隻、艦載機３５０機以上を有する世界最強の艦隊だ。

これまで第七艦隊の艦艇は、簡単な整備作業は横須賀市（神奈川県）と佐世保市（長崎県）の米海軍基地内のドックで行っていた。しかし、「ＭＲＯ（メンテナンス・リペア・オーバーホール）」と呼ばれる本格的な定期補修や大規模修理は、米国の造船所で行う必要があった。

ところが今回この制度を改正し、日本の造船所に「ＭＲＯ」と呼ばれる定期補修、大規模修理を可能にする権限を与えるというのだ。これが実現すれば、外国の造船所では初めてのことになる。

この制度改革が実施されれば、米第七艦隊はこれまでのように一か月以上の時間をかけて米本土に帰還する必要がなくなる。日本で本格的な補修を終え、直ちにアジア太平洋地域での作戦任務に就くことができる。

日本の民間造船業界の技術を使い、日本で短期間に修理を終えれば、艦艇の空白期間の解消に役立ち米海軍の前方展開能力が格段に向上するというわけだ。

最近になって、増強する中国海軍を前に米第七艦隊帰還船の多さが新たな「弱点」として浮上していたのだ。そこで、エマニュエル大使は着任早々からこの課題に取り組んだ。

中国の増強される大海軍に対抗するため、米海軍に日本の造船業界の能力が活かされていないという弱点を憂慮、世界トップクラスにある日本の船舶技術による大規模な修繕事業の発注を働きかけていた。

ただ米国議員の中には、民主党、共和党を問わず反対が根強かったのも事実だ。米海軍の「MRO」の発注は、米国の造船所にとっても安定して取り組める最大の事業。仕事の減ってきた米造船所にとって軍用関連事業が減れば大きな痛手となる。地元の雇用にも悪影響を及ぼすため、補修の権限を日本の造船業者に移管することに強い抵抗があったという。

まさにここがエマニュエル大使の腕の見せ所だった。

2期8年続いたオバマ政権の司令塔である大統領首席補佐官を務めた政治家の力量が試された。2年間かけてホワイトハウスを動かし、地元政治家の説得に当たるなど、日本の造船所への権限移譲に向け政治力を遺憾なく発揮したようだ。これは休業中のドックを抱える日本の造船業界にとって朗報となる。

2024年会計年度における米海軍の「MRO」の予算規模は、約140億ドル（約2兆円）と大きい。

一方、日本の造船業界における船舶技術は世界トップクラスだが、ここのところ韓国のLNG運搬船などに受注を奪われ年々売上高減少に苦しんできた。在日米軍としても、現場で対中国の出撃が増える中で補修や修繕のニーズが飛躍的に高まっており、米海兵隊も加われば修繕工事の契約金額は巨額になることが予想される。

過去を振り返ると、太平洋戦争で灰燼に帰した日本の造船業界にとって、復活のエンジンは1950年に勃発した朝鮮戦争だった。それと同様なことが現在、起きようとしている。

当時、米軍艦艇の補修工事が大挙して舞い込み日本の造船業界が息を吹き返した。朝鮮戦争当時の米軍艦船の補修は、佐世保重工なども手がけており、同社の隆盛のきっかけとなったといわれる。状況次第では、日本の造船業界に巨大な軍需が舞い込むかもしれない。

●「日米同盟の核心は日本のデュアルユース」

日米同盟は両国による軍事作戦の展開だけでなく、ウクライナ戦争を機に「兵站」部分での日米協力にも、これまで以上に焦点が移ってきた。つまり、兵器生産拡大に向けた日米産業協力という新しい次元の日米同盟が始まっている。

こうした状況下、軍事分野で進むAI革命に象徴されるように、軍事産業ではハイテク化が不可避となってきた。それには民間のテック企業やバイオテクノロジー企業などあらゆる技術成果を取り込むデュアルユース（軍民両用の技術）を急ピッチで進めなければならない。なぜなら、中国はすでに「軍民融合」の掛け声の下、民間技術の軍事兵器への移転を国家ぐるみで進めているからだ。

このままでは、現代兵器の装備でも中国に凌駕されてしまうという危機感が米国を駆り立てている。このため日米産業の協力は、単にこれまでの防衛装備品の提供という次元では済まなくなっている。

「**日米同盟の革新は、日本のデュアルユース**をどう使うかにある」

米国大使館のレイモンド・グリーン公使はこう言い切る。

つまり、**日米同盟は今や「作戦演習の同盟」だけでなく、「（兵器の）技術開発や生産の同盟」に重点が移っている**というわけだ。日本の民間企業が持つ最新技術を兵器にどのように活用し生産できるか、それが日米同盟の成否を握るという。

米国が狙っているのは、日本の民間産業が持つ強い生産基盤と技術開発力だ。米国にはこれが大きく欠落しており、ウクライナ戦争で兵器供給が満足にできない脆弱な「兵器庫」を世界に露わにした。そこで、日本の民間企業の製造力と技術力を、新たに米国防産業のサプライチェーンに取り込もうとしている。

「デュアルユース」は今や世界の潮流だ。民間分野の最新技術を、安全保障で活用する。米国や中国、イスラエル、韓国などは懸命に民間分野の技術革新を自国の防衛産業に取り込み、新たな軍事イノベーションを起こそうとしている。

その典型的なケースが、現代戦争のゲームチェンジャーと呼ばれる無人機「ドローン」の登場だ。もともとは玩具用に開発されたドローンが軍事用に転用され、今では戦闘機に代わる航空兵力とまでみなされるようになった。

イランのドローン編隊がサウジアラビアの石油施設を攻撃、ウクライナ戦争でもロシアやウクライナ双方の軍隊がドローンによる攻撃を繰り返し、大きな戦果を挙げている。

こうしたことを受けて、防衛省は在日米軍と日本の国防産業の取引拡大を狙って東京や大阪で相次いで軍事商談会を開催している。在日米軍の維持整備事業に加え、米国製兵器の製造サプライチェーンに日本の防衛産業の参画を促すためだ。

２０２３年10月にはこの商談会に日本企業23社、米企業７社が参加した。ここには在日米軍の軍人が参加し、実際に必要な軍事技術の要望に加え、修理や補修などあらゆる方面の軍事協力について協議した。日本からは三菱重工業や川崎重工業、ＮＥＣなど大手国防企業のほか、地方の中小企業もビジネスチャンスを求めて多数参加した。一方、米国からはロッキード社やＲＴＸ社なども駆け付けた。

日本の国防産業にもメリットは大きい。

国防産業はこれまで輸出が禁止されていたため販路が自衛隊に限られており、採算の合いにくい事業として国防部門の負担感が増大していた。実際、コマツが２０１９年に軽装甲車の開発を中止し、２０２１年には住友重機械工業が機関銃の生産から撤退した。しかし、販路を在日米軍や米大手防衛産業にまで拡大すれば、世界市場が開け企業の成長戦略の柱に育つ可能性がある。

米防衛産業としても、日本との供給網を拡大できればリスク軽減と軍事力の強化につながる。とりわけ顕著だったのは、陸海空の在日米軍の現場サイドからの要望だ。中国相手の抑止活動が急増する中で、戦闘機や艦船の補修や修繕なども増大する一方だ。これに迅速に対応できる体制が今よりも求められている。

●全国の中堅中小企業から新防衛産業の創出へ

「軍民両用」の考え方に基づき、防衛省や防衛装備庁が音頭をとり、日本国内で新たな防衛産業の育成に動き出した。中小企業やスタートアップ企業の開発した独自技術を防衛製品に活用し、抑止力の強化と産業の成長を進める作戦だ。いわば独自技術の宝庫である日本企業の中から、新しい産軍複合体制の創出を狙っているともいえる。

それは、これまでの単なる軍事装備品生産の延長ではない。**新しい技術の参入を日本全国の中小企業にも呼びかけている**のだ。今まで国防と関連のなかった地方の中堅企業が持っている最新技術まで発掘し、軍事製品に取り込もうとしているところに特色がある。

もちろん、その背景には、日本政府が今後5年間で43兆円の巨額な防衛費予算を組んだことがある。その「予算を旧来の防衛産業だけでなく、これまで防衛と縁のなかった民間の民生品を生産する企業」にまで裾野を広げようとしていることに革命的な変化がある。

「**日本では潜在的な軍事技術が民生品に数多く眠っている**」と、日本企業発掘に執念を燃やす米系投資ファンドの専門家は指摘する。米国や欧州の投資ファンドの中には、争って潜在力のある日本企業を洗い出し、欧米の防衛関連企業とタイアップさせて株式化や株式価値の向上を目指す動きも出ている。

「**日本の中堅企業は自らの技術の『軍事的な意義』を知らずに、民間市場の狭いユーザーにだけ提供している。しかし、その技術が軍事的な用途に結び付いた時、そこに巨大な需要と市場が生まれる**」という。

これらの潜在力を、米国や欧州の世界市場に向かって解き放つ。その経済的な効果は計り知れない。実際、そのリサーチは日本政府サイドでも始まっている。

日本の防衛省は、前述したように立て続けに日米軍事商談会を東京や大阪で開催しているが、2024年1月に防衛装備庁は、都内で防衛産業への新規参入を促進するためマッチング展示会を開催した。

これは、これまで防衛産業に縁のなかった中小企業に参入を呼びかけ、日米の軍事力のレベルアップを目指すのが狙いだ。現にマッチング展示会などに、さまざまな業種の企業が門を叩いている。それは、これまで防衛産業とは関係ないと思われていた企業ばかりだ。

例えば、電波で人を探知する技術を持つ企業にはじまり、軽量の電源開発が得意な企業、絵文字のパスワード製作の企業などさまざまだ。2023年10月に開催した参入展示会では厳選した

45社が参加し、これまでの国防産業の企業と新製品開発の可能性について商談を進めた。

ここで自社の技術が防衛分野で活用される領域を探り、新しい軍事製品や部品の開発に乗り出す構えだ。このように全国から防衛製品の製造の経験のない企業が参入しており、新しい国防産業群が形成される可能性もある。

これまでの伝統的な軍需産業とは基盤もベースも異なる新産業群の誕生になる。

●繊維や3Dプリンターまで国防産業に

民間企業の成長を支援する経済産業省も「軍民両用」に積極的に動いている。防衛省と組んで新興企業の国防産業への参加の後押しを始めた。

例えば、伝統的な繊維業。この業界は意外なことに防衛技術の宝庫だ。ウクライナ戦争では、電磁波でロシアの兵士を照射し狙撃する戦術が効果を上げており、電磁波に対応した繊維製品の開発が世界の国防産業の注目を集めている。日本の繊維技術は高度なハイテク商品だ。「電磁波を防御できる繊維」の開発に取り組む中小の繊維会社が日本で相次いでおり、世界の防衛産業が密かに注目しているという。

そこでは例えば、強度の電磁波を薄いTシャツでブロックする繊維製品がある。このような製品を大量生産できれば、サイバー戦争や電磁波戦で無敵な兵士を誕生させることができるわけで、米軍も電磁波用兵装の誕生を切望しているといわれる。

ハイテク軍装の需要は世界的に広がるとみられており、欧米など先進諸国からだけでなく、グローバルサウスと呼ばれる新興開発国の国防関係者も関心を寄せている。経済成長が続く途上国も、軍事的な脅威の高まりに先進国以上に敏感であり新たな需要を生み出しそうだ。

さらに注目されているのが3次元（3D）プリンター技術だ。メーカーがさまざまな印刷材料を使用して3次元のデータをもとに人工物を作製する技術だ。これも将来を期待される軍事技術となる。防衛省の発表した『防衛白書』では、3Dプリンターに代表される積層製造技術は「各国で軍事技術への応用可能性」について研究されていると指摘する。「低コストで通常では作製できないような複雑な形状でも製造が可能なことや、在庫に頼らない部品調達など、兵站に革命が起きる可能性がある」という。

実際、日本の3Dプリンター技術をもつ地方の会社が注目されている。

ウクライナ戦争ではロシアのミサイルに工場や住宅、病院などが多数破壊された。このため防弾性能に優れた施設の建設が要望されている。3Dプリンター技術を使って防弾性能の優れた住宅の製造や修理が可能になる。

英国のBAEシステムズでは、戦闘機「トルネード」のコックピットの部品を3Dプリンターで製造し、大幅な経費削減効果が出たという。この動きは先進国の空軍に広がっており、防衛白書では、米空軍の部品不足が指摘される航空機のエンジン部品の製造ケースを明らかにした。戦闘機の部品調達に悩む米空軍は、３Ｄプリンターに活路を見出していく可能性もある。２０３０年までに、年率30％増の勢いで軍事用３Ｄプリンターの世界市場が成長するとの見方もある。このように３Ｄプリンターの軍事利用の潜在力は大きい。

民間に生まれた新しい技術を新しい視点で軍事技術に転用する。今後は防衛装備品の「軍民両用」化がますます進む。民間の先端技術を装備品へ迅速に取り込んでいくことが不可欠となる。もはや「軍民両用」に踏み込まないと、中国や北朝鮮などからの脅威に対抗できない時代になっている。機械工作が主流だった兵器も、今は電子部品やＡＩ技術が入りコンピューター制御されているのが実情だ。

日本では、これまで大学や企業の民間技術の軍事的な利用に慎重だったが、中露同時戦争に備える「超・冷戦」時代では通用しない。日本の防衛が三流国並みに立ち遅れるだけだ。

科学者の代表機関である日本学術会議は、「軍事研究をしない」という方針を掲げていた。安倍晋三内閣を引き継いだ菅義偉首相は２０２０年8月、日本学術会議のメンバーの任命を拒否するなどの動きもあったが、今では学術会議も先端科学技術について軍民両用の研究を容認する姿勢に変わっているという。

新しい時代の幕開けだ。

日本の戦後経済の歩み				
時代区分	期　間	戦　争	経済トレンド	日経平均株価
冷戦時代	1950年～1990年	朝鮮戦争、ベトナム戦争	インフレ	100円→38,915円
グローバル経済	1991年～2022年	なし・ソ連崩壊	デフレ	7,054円
超・冷戦時代	2023年～	ウクライナ戦争	インフレ	40,000円突破→400倍となるか

●防衛関連銘柄が株式市場を牽引か・障害は岸田政権の大緊縮政策

実はこうした動きは、株式市場が先取りしているとの見方もある。

近代日本の株式市場での大転換点は、１９５０年の朝鮮戦争だ。太平洋戦争の戦禍とデフレに喘いだ戦後の日本だったが、朝鮮戦争で始まった世界的な冷戦による戦争特需が日本経済に成長のエネルギーを与えた。

当時、日経平均株価が約１００円だったが、米国の対外戦争（朝鮮戦争、ベトナム戦争から湾岸戦争）が続くとともに株価は紆余曲折を辿りながら上昇基調を続け、バブル崩壊直前には３万８９１５円と約４００倍になった。

米戦略報告書は、中露同時戦争という「超・冷戦時代」の大転換が始まったと警告するが、世界的な軍需の高まりが日本に押し寄せるならば、日経平均株価４００倍の歴史パターンが再び始まるのだろうか。すでにその特需は、米国防衛産業の「脱

中国」を目指すサプライチェーン大改革で発生しているのだ。

世界を二分する「超・冷戦時代」が2023年から再び始まったとするならば、大製裟と思われるかも知れないが、日経平均株価400倍の歴史のパターンが半世紀の時間を経て再び始まる道筋も見えてくるのではないだろうか。もちろんこれには、岸田政権のような国民経済を苦しめるステルス大増税と、日本銀行の拙速な利上げというダブルミックスの「大緊縮政策」の阻止が必要となることはいうまでもない（詳細は5章）

●株価400倍の主役にロケット産業も・日本列島が米軍の一大発射基地に

米国防総省のサプライチェーン改革は日本の産業を歴史的に飛躍させる「爆発的な需要」を呼び起こす可能性がある。

その内容は驚くべきプランにあふれており、5章でも少し触れるが、日本の産業の未来を一変させるチャンスに満ちている。日経平均株価400倍のサイクルが長い時間をかけて再現される可能性があるとみるのはそのためだ。

例えば米軍サプライチェーンの多様化の柱にはロケット発射の多様化があり、そのひとつに日本列島が射程に入っている。

四方を海に囲まれた日本は、太平洋に向かって東と南に開かれた「世界最高のロケット発射の最適地」（軍事専門家）といわれる。米国でもロケット発射は東に開かれたフロリダ州（パトリック宇宙軍基地）や南に開かれ極軌道に打ちやすいカリフォルニア州（ヴァンデンバーグ宇宙軍基地）などに限られており、これでは宇宙支配を目指す中国の軍事宇宙部隊に優位に立てない。

このため小型衛星も含め大量のロケット発射が必須となっており、同盟国**日本の北海道や九州の種子島などに米軍共用の「宇宙軍港」（基地）を建設し、米軍ロケットや宇宙軍に加わる宇宙兵士を大量に送り込む**ことまで検討されているのだ。詳細はお伝えしにくいが、同じ同盟国の韓国や欧州では地の利が悪く米軍の代替発射基地になりにくい。

これからは**日米共同の宇宙軍港（軍民共用）が列島で相次ぎ始動**していくことも予想される。隆々たる未来が約束される日本のロケット産業。今の細々とした日本のロケット産業からは想像もしにくいだろう。

しかし、この米軍の供給改革が実現されれば、日本のロケット産業は半導体産業を凌駕するほどの大輸出産業となる潜在力を秘めている。しかもロケット産業には日本が得意とする特殊鋼の技術が必須であり、自動車産業で培った世界トップクラスの部品の供給網がフル稼働し、日本の宇宙産業の大発展に貢献するとみられる。

米国防総省は宇宙を巡る戦争が、戦争の帰趨を決定するとみている。宇宙を巡る戦争は新次元の戦争であり、２０１９年にトランプ大統領が新設した米宇宙軍は、次の戦略として日本列島を新次元の戦争の最前線基地に位置付けているのだ。**世界でどの国も及ばない「地の利」と、日本**

に眠る潜在的な技術力が、日本を米国と並ぶ宇宙産業の覇者に押し上げるチャンスが巡ってきたともいえる。

米宇宙軍トップ、B・サルツマン作戦部長は、2023年9月25日に日本の木原稔防衛相と会談した。そこでサルツマン作戦部長は、「宇宙領域における日米協調を拡大することが、両国関係の強化につながる」と語りかけ、宇宙軍の日米一体化の必要性を強調した。

実は米宇宙軍は日本の横田基地に司令部を昨年創設し、すでに準備を進めているのだ。日米の宇宙軍強化の動きはすでに始まっており、今後の日米協議で宇宙軍港の建設が決まれば、基地建設事業だけで巨額資金が必要となり、米国からの資金供与や技術移転も計り知れないだろう。ロケット技術も最新の米国の技術が日本に供与される可能性がある。

ロケットを中心とする宇宙産業は世界でも急成長の産業分野であり、2040年には世界の市場規模は200兆円以上に増大するとの指摘もある。宇宙戦争が本格化すれば、東南アジア諸国などからも日本にロケット発射受注などが舞い込み、その市場規模はさらに膨らむ。将来性を見越して米国の投資会社が日本のロケット関連産業との提携を求めて水面下で動きだし始めている。

これは単なる予測ではない。

この動きは日米両国政府で基本合意しており、2024年4月の岸田首相の訪米でバイデン大統領と締結された日米安保統合協定の中に、その方向性は米国の要求通り明文化されたのだ。

振り返れば、朝鮮特需も日本の産業が米軍需産業の供給網を担うサプライヤーとなることで発生した。

ただ、その時の交戦国は北朝鮮軍と中国軍に限られた。しかし、今回の「中露同時核戦争」の超・冷戦時代では、敵対国は中国とロシアという世界の二大核軍事大国に加え、北朝鮮やイランも視野に入る。

備える軍備も朝鮮戦争の比ではなく、二大軍事大国に対する備えとなり巨大な軍備が求められる。さらに戦争がＡＩ革命によりハイテク化し、機械工業など限られた業種にとどまらず、将来の宇宙産業まで含めた全産業が戦争準備に備えたサプライチェーンの構築を求められる。それは軍事を梃《てこ》にした歴史的な「軍事産業革命」とでもいうべき大波であり、その先頭に日本の産業が立っているのだ。

日本の産業に対する影響は、朝鮮戦争時のような3年の短期間で終わらず長期間に及ぶだろう。まさに朝鮮戦争から１９８９年のバブル史上最高値まで、40年かかった日経平均４００倍への長いスパンの歴史の旅がここから始まるのかもしれない。

マスコミは認識していないが、「超・冷戦時代」は安全保障が基軸となる経済再編の時代であり、グローバル経済は終焉し、同盟国や友好国間の産業サプライチェーン構築が活発化する。

その大きな波動に日本経済が躍り出ている。

米国を中心に海外投資家は日本企業の活発な動きに注目し、巨額なマネーを日本市場に注ぎ込む。今や指標となる日経平均株価がバブル時の最高値3万8915円を突破し、2024年3月に念願の4万円台乗せを実現した。

そして、これから本格的に始まる、**防衛産業を中心とした米国の産業サプライチェーン改革は、「朝鮮戦争以上の特需」を日本に発生させるかもしれない。これが朝鮮戦争後の日経平均400倍の歴史を再現する原動力となっていく可能性もある**。

というのも、世界的に株高を演出する主役に、防衛関連銘柄が半導体銘柄に続く大きな牽引役になるとの見方も市場で台頭している。端的なケースは、日本の重厚長大産業として日経平均株価の重しのようにみなされてきた伝統的な防衛企業の株価だ。半導体銘柄に続き、勢いづき始めた。半導体も軍需製品であり、広義な意味では防衛関連銘柄に入る。実は日本の民間企業には世界が注目する「隠れた防衛銘柄」が多いといわれる。

政府の予算でも突出して急増している部門は、国防分野だ。

2023年から5年間の防衛費を、これまでの約1・6倍となる総額43兆円に増額する。また、年間の防衛予算もGDPの1%基準から2%並みに引き上げ、約5兆4000億円だった防衛費（2022年度）を2027年度には約11兆円と倍増させる。将来的な需要の高まりは長期間続くと市場では受け止めている。国防産業の市場は、国内でこれまで3兆円程度とみられてきたが、政府の43兆円の巨額防衛費は国内に巨大な防衛市場を創出することになる。国内の狭い防衛市場のパイを奪い合う時代から、43兆円の政府支出を梃に発展する市場に様変わりしつつある。

しかもこれまで見てきたように、これに米国防総省の「脱中国」のサプライチェーン改革という「外需の大波」が押し寄せるのだ。**「超・冷戦時代」に対応した日本の防衛市場は、歴史的な大転換点を迎えているのではないか。** さらに安倍晋三内閣の努力で、武器輸出を禁止した「武器輸出三原則」から、限定的ながら防衛装備品の輸出を認めた「防衛装備移転三原則」に緩和され、防衛装備品の輸出の道も大きく開かれた。

防衛関連株の代表格は、日経平均株価の構成銘柄でもある「三菱重工業」だ。株価は高値更新を続け、2023年6月の6000円台から、2024年6月には1500円台と2倍以上に上昇した。

政府の防衛費巨額アップを忠実に執行できる大型企業として評価は高い。今後、防衛関連事業は、防衛省の目玉事業「スタンドオフ」ミサイルの製造に始まり、宇宙防衛、イージス艦建造など目白押しだ。政府の防衛費5倍の発注をまともに受け止められる企業に見合った将来的な業績見通しの明るさを株価は先取りしている。

さらに防衛関連として電子部品大手企業である「日本アビオニクス」が注目される。同社は宇宙工学分野の技術サービスで異彩を放っており、強みは電子機器系統に特化した防衛製品技術だ。国策の「スタンドオフ」ミサイル事業から、陸海空三分野の防衛サービス事業も展開する。こうした多方面の防衛事業の展開で、株価は1万円を突破し2024年3月には史上最高値を更新している。

「日本油脂」も砲弾やミサイル関係で焦点が当たっている。弾道炸薬、ミサイル填薬、砲弾填薬などを製造する大手であり、ウクライナ戦争で砲弾不足が決定的だっただけに砲弾関係に強い同社は海外勢からも注目されているという。

まさに「眠っていた宝が輝きだす時代」（米系投資アナリスト）に入ったのかもしれない。

●商社株の次は？「バフェット」銘柄の先

これまでマスコミからの批判に配慮し、花形スターにならなかった防衛産業。しかし、海外の投資家は日本のマスコミの作る世論には囚われない。日本には世界から注目される防衛企業が多数存在する。世界で注目されなかった企業が突如として脚光を浴び、世界の投資マネーを引き寄せる。日本の投資家の間では防衛銘柄と認識されない民需企業に、実は世界が注目する「隠れた防衛銘柄」が多数存在する。

例えば、日本では空調機の大手メーカーとして有名な「ダイキン工業」。外国の投資家が目を付けるのはエアコンメーカーとしての会社ではない。ウクライナ戦争で不足した大砲を製造する軍需産業の潜在力の行方だ。この会社は戦前、日本の陸海軍に薬莢など軍事製品を納入し、現在も自衛隊に頼りにされる兵器メーカーであることは意外と知られていない。

日本の陸上自衛隊が世界に誇る「10（ひとまる）式戦車」の主砲である120ミリ装弾筒付徹甲弾（装甲を貫くための砲弾）もダイキン工業が開発、設計まで手掛け、陸上自衛隊に納入している。その精度と強靭性はウクライナ戦争を機に欧米の軍事専門家から高い関心が寄せられており、「密かに大きな商談も検討されるのではないか」との声まで出ている。

ダイキン工業は、日本陸軍の砲兵工廠を退官した山田晁氏が1924年に起業した軍事アントレプレナーで、金属加工技術を売り物に幅広く軍需生産を手掛けた。戦後は空調機などの民需転換を図りつつ、朝鮮戦争の特需により米軍の迫撃砲弾の大量生産を開始し、大手企業に成長した。

エアコン事業の民需転換に成功した現在でも、社内に特機事業部という特別な生産部門が存在する。ここで米軍も注目する戦車砲の徹甲弾や誘導弾などを生産し、自衛隊を支える有力な軍事メーカーとしての顔も持つ。

さらに世界が注目するのは、日本が誇る工作機械だ。

「今後は日本の工作機械の争奪戦に近い状況になるかもしれない」。ある日本の大手商社の担当者はこう打ち明ける。

米国でもウクライナ戦争で工作機械が不足している事情はすでに述べたが、ロシアからウクライナまで血眼《ちまなこ》で欲しがっている、ということは意外と知られてない。戦車の部品や砲弾を製造する工作機械はその強度や耐久性、着弾精度を左右する。このため戦争関係国は必死に新旧を問わず日本の工作機械を入手しようとしており、ロシアには制裁の網の目をくぐり中国などを介して日本の工作機械設備が流出している。ウクライナ戦争では互いの航空戦力の優位が築けない中で地上戦の役割が高まっており、戦車や装甲車、ハイマースなどの高機動のロケット砲に注目が集まっている。ただ人材不足や自動化の遅れなどから日本の工作機械業界では受注残高も高水準で推移しており、米国の投資ファンド・ブラックロックの工作機械メーカーの株式購入などは大きな影響を与えそうだ。

さらに日本が世界に誇るベアリングメーカーがある。

歴史的にみて、ベアリング（軸受け）産業は軍需の発展とともに成長してきた典型的な軍需型の機械産業である。その一つである日本精工は創立当初からその技術陣に日本海軍出身者が多く、製品受注のほとんどは日本海軍の新艦建造に伴うものだった。第一次世界大戦や太平洋戦争で軍部の受注を飛躍的に伸ばし、戦後は民需転換し新幹線車両や自動車用ベアリングで大成功した。

今後、大規模な軍需の拡大が見込まれた場合、世界的なベアリング需要を賄える世界有数のメーカーと期待されている。

ベアリングはあらゆる兵器に必須な中枢部品で、宇宙ロケットや戦闘機、ミサイルから艦艇、戦車などすべての兵器に不可欠であり、あらゆる兵器の根幹部品をなしている。

第二次世界大戦で、米軍がドイツのベアリング産業を標的にした徹底的な戦略爆撃を行い、ドイツ軍の戦力をくじいたことは有名だ。つまり、ベアリングは過去もこれからも戦争の行く末を左右するほどの重要な軍事部品となる。「デュアルユース」（軍民両用）が日米同盟の核になる以上、このベアリング生産こそ日米軍事同盟が死守しなければならない軍事生産ラインとなるのだろう。

しかもベアリング生産については**中国企業がなかなか追いつけない製造技術を日本のベアリングメーカーは保有しており、中国人民解放軍の軍需企業にとって垂涎の的**だ。

いずれにしても、これまで「平和大国・日本」という美名の下で、防衛事業に展望が開けず苦しんできた企業は少なくない。戦争に協力するという風評被害を恐れて防衛事業分野から撤退する企業まで現れ、中国やロシアを喜ばせる状況を日本自らが作り出してきた。

防衛部門の技術者は減り続け、先に触れたように製品の納入先も自衛隊だけで量産効果も得られず、設備投資意欲も減退する一方だった。だがこうした中、米戦略報告書を待つまでもなく、中国やロシアの軍事的な脅威の増大で日本国内の世論の雰囲気は変わってきた。

２０２４年以降、恐怖のシナリオが迫る中にあって、防衛力強化は喫緊の課題だからだ。

防衛関連といっても、防衛製品だけを主力の事業としている企業はなく、民間製品が売り上げの大きな柱となっている。このため、防衛関連の売り上げが伸びても収益源となっている民需分野が不振で株価に反映しにくい企業もある。ただ有事が発生すれば、「国防関連銘柄に火がつく」と長期的視点でみる投資家が少なくなく、今後の日経平均株価上昇の主役の一角を担う可能性がある。

今後は、空砲演習が多かった自衛隊の演練も実弾射撃が増え、模擬弾を使った迫撃砲の演習にも実弾演習が始まるだろう。

世界の投資家を日本株買いに向かわせたのは、米国で投資の神様と呼ばれるウォーレン・バフェット氏だった。2020年8月、バフェット氏が率いる投資会社バークシャー・ハサウェイが日本の5大商社の株を取得したことが判明し、日本の商社株は何倍にも膨れ上がった。そして日本株全体に火が付いた。そのバフェット氏の巨額資金は次にどの日本株に向けられるのか。

日本の投資家は目を皿にして探している。

こうした中、米国の有力投資ファンドは日本の隠れた防衛関連企業の洗い出しに懸命だ。

これは単発的な動きにとどまらない。岸田首相が4月に訪米しバイデン大統領と「日米の装備品の共通化」をうたい上げており、その実態こそ、本書が解明する水面下で進む中国製品を排除する米国防衛産業の供給網の大改革なのだ。その中心は、中国に代わり日本の産業群を米軍供給網の中心に据えるという大計画だ。つまり、「軍装備共通化」という国民向けの口当たりのいいお話ではなく、行きつく先は米国軍需産業と日本の国防産業の新しい産軍複合体（日米の巨大軍事コングロマリット）結成という動きにつながっていく。

3節　期待されるメイド・イン・ジャパンの兵器完成品

●始まったパトリオット輸出・国防産業の輸出完成品第一号

「いざなぎ景気」を連想させる時代の動きは、米国防産業のサプライチェーン需要の到来だけではない。部品だけでなく、日本製の兵器完成品がライセンス元である米国に輸出されたのだ。日本製兵器が世界に販売される時代が到来する。その象徴となる動きが、日本製の迎撃ミサイル「パトリオット」だ。米国の特許で製造するこのミサイルの輸出が解禁された。「パトリオット」は一発の価格が約5億円前後と高価なミサイルだ。三菱重工業が米国のロッキード社とＲＴＸ（レイセオン・テクノロジーズ）社のライセンスを得て製造している。この日本製「パトリオット」が米国に輸出されれば、米国は国際支援で在庫の不足した迎撃ミサイルを補填することができる。

日本は防衛産業の輸出に関しては「完成品」の輸出を禁止してきたが、２０２３年12月の閣議決定で米国のライセンスで生産した完成品を、ライセンス元の米国へ輸出できるよう運用を改めたのだ。米政権からの強い要請によるものである。

これは**日本の自動車産業で始まった対米輸出で繁栄する王道パターンが、国防産業でもスタートしたようだ。**ご承知の通り、自動車産業は１９６０年代から対米輸出が本格化し、日本経済の屋台骨を支えることになった。日本の国防産業も、自動車産業同様に今後の日本経済の基軸の一つになる可能性がある。

というのも、日本の防衛産業に対する世界の潜在的な評価は高まる一方だからだ。これは米国のライセンス生産というビジネススタイルが、兵器産業に必要な実戦経験不足という日本の弱点を補ってくれる面もある。

輸出される日本製パトリオット

実際、日本製「パトリオット」の輸出は、世界からの要望でもある。米国は日本から購入した「パトリオット」を、欧州の同盟国や支援国に売却することを検討中だという。

実は欧州の軍事同盟ＮＡＴＯが、「パトリオット」輸出を強く日本に要請していた。こうした欧米主要国からの要望を無視し続ければ、日本は西側の同盟国として「国際的な貢献」の低さを糾弾されかねない情勢だった。さらに「パトリオット」はウクライナやイスラエル、台湾でも大量に配備する計画が進んでいる。**中国やロシア、北朝鮮などからのミサイル攻撃の脅威は今後も強まる一方であり、**

その分、世界のミサイル防衛への需要は飛躍的に膨張するだろう。

すでに米国防総省には、同盟関係にない多数の途上国からも「パトリオット」導入の要望が寄せられている。その市場規模は各国の機密事項であり公表されることはないが、将来的に「パトリオット」のミサイル「PAC3改良型」が主流になれば、1000億ドル以上のとてつもない市場に成長する可能性が高い。

米国の反応は早かった。

ホワイトハウスのジェイク・サリバン大統領首席補佐官は、日本政府の発表を受け2023年12月、「パトリオット」輸出解禁について「日本政府の決定を歓迎する。日本の安全保障とインド太平洋地域の平和と安定に貢献する」と手放しで評価した。これは後述するが、脅威国との貿易分断化で繁栄を求める新経済政策、「サリバン・ドクトリン」の成功例となった。

日本の国防産業が米国の兵器庫として新たな道を歩み出した瞬間だった。まさに**米国の〝特許〟ミサイルを日本が大量に生産し輸出するという、日米国防産業の巨大なコングロマリットが出現した歴史的な出発点**になったといえよう。

これはアップルが「iPhone」の特許と企画を握り、中国の製造拠点で生産して世界で販売する方式とまさに同じパターンを踏襲している。進化するパトリオットミサイルの特許と技術は米国が握り、優秀な日本の生産拠点で次々に大量生産して世界に販売し、巨額の利益を手にするという手法だ。

●F35のアジア太平洋の整備拠点となる「首都東京」

日米国防産業の巨大なコングロマリットの動きは、さらに加速されそうだ。

米国が世界に販売する最新鋭ステルス戦闘機「F35」を巡っての動きが目まぐるしい。

米会計検査院（GAO）が「史上最も高額な兵器システム」と指摘する米国のF35は、一機1億ドル以上する高価な戦闘機だ。実は**この戦闘機のエンジンが、首都東京で整備されることになる。**

F35は開発コストが高いため、当初米国が中心となり英仏独など西側主要9か国が共同開発に参加。すでに147機の調達を決めた日本は、武器輸出三原則のため、米側の強い要請にもかかわらず開発や生産には当初から加われなかった。

日本は大きく出遅れていたのだ。

しかし、ロッキード社はその後も日本企業に機体整備の参画を要請してきた。この結果、アジア太平洋地域の整備拠点として、日本の大手重工業IHI（旧石川島播磨重工業）の瑞穂《みずほ》工場（東京都西多摩郡瑞穂町）で、アジア向けのF35の整備組み立てが2023年6月から行われることになった。これは英国や豪州、イタリアなど共同開発国9か国以外では初めてだ。F35は国際的な共同開発機となったため、すべての部品はAGSLと呼ばれるネットワークシステムを利

IHI瑞穂工場で整備されるF35のエンジン

用して世界規模で部品を融通し合う体制となっている。

こうした中、特に注目すべきはＩＨＩがＦ35に搭載されるプラット&ホイットニー製の再熱式ターボファンエンジンの整備を行う点だ。このエンジンは世界最高の性能を謳う、米国航空技術陣の英知の結晶だ。そのエンジンの解体や整備をＩＨＩが行う。このことは当然、同社の技術能力向上につながっていく。

しかも、東京のＩＨＩ瑞穂工場で整備されたＦ35のターボファンエンジンが、日本の航空自衛隊向けだけではなく、シンガポールや韓国などアジア太平洋地域諸国へ輸出されていくのだ。

ロッキード社もアジア太平洋で中国やロシアの軍事的な挑発が絶えない中で、即戦力となる整備力が直ちに必要なのだ。ＩＨＩ社のエンジン技術力は極めて優秀であり、その要望に応えられるのは同社しかないと判断したのだろう。

ロッキード社の整備拠点（リージョナルポイント）とは、平時だけではなく、有事の運用も見据えている。

戦闘機は、有事となれば一回の飛行で無傷としても多くの部品を修理交換しなければならず、戦闘機の補修整備能力の高さは当該国の航空戦力維持に直結する。こうした整備拠点が継戦能力を左右するため、本国の生産工場より役割が大きいと指摘される。

ロッキード社が再三にわたり日本企業に対し協力の拡大を要請しているのには、こうした背景がある。ロッキード社の経営幹部は「日本ともっと協業したいと考えている」と語っている。

これには米国が最も懸念した日本のセキュリティークリアランス（国が経済安全保障上の機密情報を扱う人を認定する制度）の整備が進んだことが大きい。確かにまだ不完全とはいえ、高市早苗・経済安全保障担当相の強いリーダーシップで、「重要経済安保情報保護活用法」として2024年5月に法制化された。先進民主国でこうした制度がなかったのは日本だけで、防衛協力の障害になっており、法案整備は安倍晋三元首相の宿願の一つだった。今後は米国や英国などとの技術協力が進めやすくなる。パトリオットミサイルや戦闘機のライセンス生産でブラックボックス化された製品技術も徐々に開示される可能性が出てきており、日本の国防産業の競争力向上につながりそうだ。

ロッキード社では、アジアでは共同開発国の豪州にも整備拠点を設けているが、中国やロシアとの有事には豪州は遠いため、アジアでは日本の整備拠点を重視するのは確実だ。

米戦略報告書の警告を受け、米防衛大手も中露同時戦争の脅威を見据えた体制を取り始めている。今後は広がるF35需要を見据え、リージョナルポイントとして東京・西多摩郡の瑞穂工場の重要性は高まっていきそうだ。

世界から需要が高まる F35

こうした状況下、三菱重工業も２０２０年から小牧南工場（愛知県豊山町）で機体の整備拠点の運用を始めており、今後の運用と機能拡大が期待されている。

その航空戦力強化の目玉が先ほど来、縷々《るる》述べてきた第五世代ステルス戦闘機Ｆ35の配備導入である。確かに超高額な戦闘機を購入すると政府の財政負担は重くなるが、中国の脅威の深刻さが増すにつれ、検討する国が相次いでいる。すでに「雪崩のように受注が殺到している」と米国の空軍系軍事アナリストが表現するほどだ。

中国軍と協力関係を深めるタイですら、Ｆ16戦闘機の後継機としてＦ35購入を米国側に打診する始末。ただ米国側が、タイ空軍のセキュリティー環境などを理由に売却を拒否している。米国の生産ラインが「パンク寸前」という理由もあるが、中国軍と関係を深めるタイ国軍への懸念を示したとの指摘もある。

ウクライナ戦争を契機にＦ35の需要は欧州やアジアだけでなく、中東地域を含めた世界的な「Ｆ35ブーム」が起きている。現状のままでは米国の生産能力が需要に追い付かないとの観測が米国内で強まっている。

ロッキード社の計画では年間生産目標数１５６機としているが、ロシアの脅威が高まる欧州のノルウェーやベルギー、デンマーク、ルーマニアなども大量の購入を希望していることから、ロッキード社はF35の年間生産能力を220機まで拡大することになりそうだ。

F35は米国テキサス州フォートワースにあるロッキード社工場の組み立てラインで製造され、急増する世界の需要に対応する。だが、工場の生産ラインをフル稼働しても需要に応えられないとの観測がある。この高額戦闘機を巡り、日本にさらなる協力を求めてくるかもしれない。

ただF35の最大の難点は、エンジンがF16などと比べて大型化している点だ。エンジンが大型化すると兵器庫と呼ばれる機体胴体内に格納できる兵器（ミサイル）の数が減少し、売り物の「ステルス」性能を十分に発揮できないリスクがある。

IHIは英国やイタリアと共同で次期戦闘機の共同製作事業に参加しており、F35整備事業で蓄えた技術が今後のエンジン小型化につながると期待する声もある。大型エンジンを小型化できれば、胴体に格納できるミサイル数も増えステルス性を維持したまま敵地深く空爆できる。

IHIは、幕末に海防を唱えた水戸藩主徳川斉昭公が創設した江戸湾石川島の造船所が発祥だ。この歴史の長い会社が、再び世界の歴史の前面に躍り出ようとしている。

●兵器輸出大国を視野に戦闘機エンジン市場も拡大か

「超・冷戦時代」に入った世界で中国とロシアの軍事的脅威は日増しに高まっており、世界が身構える。国際的な安全保障環境の激変で、日本の防衛産業群が米国の世界的な国防サプライチェーンに組み込まれ、日米で強力なコングロマリットが作られようとしている。日本で製造や整備した米国製ミサイルや米国製戦闘機が、世界の紛争地帯や危険地帯を迂回しながらも続々と輸出される時代が目前に迫っている。

まさに世界最強の軍備を誇る米国の「兵器製造国」として、日本の国防産業が世界市場で存在感を示そうとしている。

すでにこうした動きは水面下でいろいろと活発だ。同じアジアの海洋国インドネシアから、同国が保有する米軍戦闘機Ｆ16のエンジン代替で日本に協力の打診があった。

中国の脅威が増すにつれインドネシア空軍も主力戦闘機の能力アップに力を入れているが、同国内の整備拠点が不足している。このためＦ16エンジンの整備が必要になるたびに米国に送り出していた。これでは時間とコストが嵩《かさ》み、戦力面での不安が高まっている。このため、同じアジア地域の日本に水面下で整備協力を働きかけているという。

日本が保有する「Ｆ15」イーグル戦闘機のエンジン「Ｆ１００」は、インドネシアが運用する「Ｆ16」ファイティングファルコン戦闘機と同等のエンジンを使用しており、「Ｆ16」にも転用可能だ。このため、日本では航空自衛隊が２００機以上保有する「Ｆ15」戦闘機のうち、旧式のエンジンを有効活用する案が浮上している。「Ｆ１００」エンジンは、ＩＨＩが中心となって４００基以上をライセンス生産してきた。まさに**インドネシアの空の守りを日本の国防産業が側面か**

ら支援するという構図になる。

一方、日本の空を守る「F15」イーグル戦闘機は、制空任務に優れ現在に至るまで世界で100機以上を撃墜し、空中戦で撃墜された機数はゼロという「100対0」の撃墜比率を誇っている。ただ「F35」と同様に高価なのが難点であり、それに対して「F16」は製造コストを低く抑えた軽量で廉価版の最強戦闘機として製造された。

しかも「F16」は中東地域での空中戦でロシア軍機に撃墜されたケースはないうえ、対地攻撃能力にも優れていることから各国の需要も多く、「強い・安い・軽い」の3点を備えた「ベストセラー戦闘機」として世界の市場拡大が見込まれる。

「F16」は30か国が導入し生産機数は4500機以上、「F35」の代わりに「F16」の購入を希望する国がさらに増えているのだ。「F16」はウクライナ戦争でロシアから制空権を奪うためにゼレンスキー政権が何度も米国や欧州諸国に供給を依頼した、「空中戦の切り札」としても期待されている。

インドネシア以外に台湾や韓国、シンガポール、サウジアラビアなど16か国でも多数の「F16」を保有しており、今後そのエンジン整備など修繕ニーズが高まることが予想される。

米国防総省では、「アジアの安保環境が厳しくなる中、F16の引き合いがさらに強まる」との見方があり、「F16」の「改修市場」はますます広がり、日本の出番が増えることになるだろう。

ここにも米国製兵器をフォローする日本の防衛産業の新たな市場が見えてくる。「フォロー市場こそ大きな商機になる」と見込む大手商社も現れている。アジア諸国の防衛企業と日本のメーカーの橋渡しを進める新たな動き、これまでになかった旺盛なビジネスの水脈があふれ出した。

背景には中国や北朝鮮の高まる脅威に、「平和の配当」を謳歌してきたアジア諸国も、にわかに防衛力を再点検し増強する動きが高まっている。

これまで閑古鳥が鳴いていた米国製兵器の実装点検だが、インドネシアによる「F16」のエンジン協力依頼はこの「改修市場」拡大の始まりを象徴する出来事だ。

ただ、日本の政府与党にはインドネシアの依頼に難色を示す動きもあり、今後の動向は予断を許さないのも確かだ。アジアに中国製兵器を売り込みたい中国側の対日妨害工作が激しくなることも予想され、この機会を逃すことになるかもしれない。

なんといってもアジア太平洋地域は米国製兵器の存在感が大きい。安全保障環境が厳しさを増す中でアジア諸国は自国の防衛力増強に走っており、日本の防衛関連製品の技術力や生産力の高さがますます注目されそうだ。もちろん韓国でも防衛産業は国を挙げて育成し輸出に力を入れており、加えて中国も低価格で中国製兵器の売り込みを図る。ただ、アジア諸国が購入を切望する米国製兵器の保守整備にかけては日本の右に出る国はない。

しかも、アジア太平洋地域は中東と並び今後世界で最も防衛需要の膨張が見込まれる地域だ。アジアの軍事費は中国を含めると年率10％以上のスピードで急増しているとの試算もあり、その市場規模は拡大する一方だ。

この**世界最大級のアジア市場で最も売れる製品が米国製兵器である以上、その兵器のライセンス生産や保守整備で日本が国際貢献を果たすことを米国もアジア諸国も望んでいる。**

「日本がアジアの防衛産業の拠点として台頭する可能性がある」（防衛装備庁関係者）とみるのは自然の流れだろう。日本の防衛産業の米国製兵器の製造やサービスが、米国やアジア諸国に向かって輸出ドライブがかかるときは近いのかもしれない。

次期主力戦闘機も、輸出の発射台に乗ってきた。

岸田政権は2024年3月末にようやく日本や英国、イタリアが共同開発を進める次期戦闘機の第三国への輸出容認を閣議決定した。輸出先は、防衛装備品の輸出などの協定を結ぶ特定13か国への限定輸出となる。

日本の戦闘機エンジンの技術レベルは世界トップクラスだ。2018年に防衛装備庁に納入されたIHI開発の戦闘機エンジン「XF9－1」は軽量で米国製エンジンの出力を上回っており、日本のエンジン技術の結晶といわれる。この技術力があるからこそ、今回の共同開発で日本にも主導権がある。三菱重工やIHIは2016年に次世代実証戦闘機「心神（X2）」を開発し、初飛行に成功している。

ただ、1980年代に米国からの圧力で日米共同開発に追い込まれた、航空自衛隊の支援戦闘機「F2」の苦い教訓を生かす必要がある。「F2」の共同開発では日本の多くの技術は米国に無償提供され、軽量で強度を誇る日本の複合材の技術は米国で最強のステルス戦闘機「F22」や「F35」に応用された。

今回の欧州との共同開発では本部は英国に置かれ、英国はエンジン開発にロールスロイスを参画させる。戦闘機開発は国益と国益のぶつかり合いだ。英国側の主張を聞くだけでなく、日本の国益が拡大するよう日本の首相には大きな役割が求められる。

これからの防衛産業はテクノロジーの進歩により高度化の勢いを増しており、戦闘機を含め海外への輸出拡大で低コスト化の道を開かなければ存続できない時代になっている。民間企業が取り組んで、国内の自衛隊向けの自給自足だけで防衛産業が成り立つ時代は終わっているのだ。兵器輸出を通じた抑止力強化こそが日本の生き残る道であり、兵器輸出の放棄は中国やロシアへの屈服を意味する。日本が一部マスコミの批判を恐れて兵器整備や輸出に尻込みすれば、安価な中国製兵器にアジア市場を制覇される危険すらある。首相が政治生命を賭けて切り開かねばならない国家的大事業なのだ。中国にアジアの兵器市場を渡してはならない。

日本は兵器輸出大国に向かって動きだしており、F35の大型エンジンの整備輸出や日本製パトリオットの対米輸出を嚆矢《こうし》に、今後開発される戦闘機を視野に防衛産業の輸出大循環が始まるのかもしれない。

●軍事イノベーションを起こす日本版DARPA

さらに将来の輸出につながるような壮大なプロジェクトも動き出す。日本に眠る潜在的な軍事技術を、積極的に育成し日本独自の技術開発に結実させようという試みだ。

日本発の軍事イノベーションを目指し、民間企業の新しい技術を取り入れ軍事技術となる開発に成功すれば、日本への評価が高まり日本の防衛輸出に弾みがつく原動力ともなるだろう。

防衛省は2024年、民間技術を軍事技術に活用する新たな研究機関を創設する。これは米国の「国防高等研究計画局」（DARPA）を見習った機関だ。

米国の「国防高等研究計画局」とは普段見聞きしない組織だが、もともと米ソ冷戦時代にソ連の軍事的脅威に対抗するため、米大統領の肝煎りで発足した米国の軍事技術の最高研究機関だ。大統領と国防長官の直轄組織になっており、「ペンタゴン（国防総省）の頭脳」と呼ばれる。米国の豊富な民間技術を取り入れ、軍事技術をベースに新しいイノベーションを起こしてきたことで有名だ。

実際、「DARPA」は、これまでも民間開発の技術をベースに数々の軍事技術や先端企業を生み出してきた。最近の例では、中国発のコロナウイルスで世界の救世主となった米バイオ企業モデルナがその典型だ。

モデルナ社は2010年に設立されたばかりのベンチャー企業だった。大きく脱皮できたのは「DARPA」から支援を受けたのがきっかけだった。2013年から「DARPA」による巨額の開発資金の援助を受け続け、新しいワクチンである「mRNA（メッセンジャーRNA）」の研究を成功にこぎつけ、世界にいち早くコロナワクチンを供給できたのだ。

モデルナ社は米国の軍事研究機関から補助を受け、ワクチン輸出企業として大成長した。その輸出額は10兆円を超え、米国の経済成長を底上げしたといえる。

さらに、軍事技術としてDARPAが開発した技術が、世界の産業を変えたケースもある。インターネットは、米国防総省が構築した「ARPAnet」（Advanced Research Projects Agency net）を起源とする分散型のコンピュータネットワークから生まれた。このネットワークは、もともと核戦争が起きた場合でも接続可能な通信システムを実用化することを目的として、DARPAが開発したという。

軍民両用の技術開発の効用について、米国のある研究者はいう。

「軍事研究には常に実用的な切実な動機がついて回る。学問的な動機とは違うかもしれないが、有能なアカデミーの研究者もリアルな課題として再認識し、短期間で成果を出そうとする」

こうした米国の軍事研究で起きた産軍合体のミックス効果を、日本の防衛省も狙っている。防衛省は日本版「DARPA」で、防衛や装備にイノベーションを起こす可能性がある研究テーマに集中投資する方針だ。

具体的にはＡＩやサイバー部門、ドローンに代表される無人機、量子技術という先端技術の開発を支援する予定だ。

軍事技術の開発には莫大な費用がかかるが、２０２２年には自民党の国防議員連盟（会長・衛藤征士郎〈元衆院副議長〉、事務局長・佐藤正久〈自民党外交部会長〉）が防衛技術の研究開発費を１兆円まで引き上げるよう求めた。

日本は官民一体の防衛技術開発の流れから大幅に遅れてきたが、その出遅れを挽回するため、国主導で後押しする専門機関が発足、いよいよ日本の新たなイノベーションを牽引する役割が期待される。

防衛技術の基盤整備について防衛装備庁が発表した「防衛技術指針２０２３」には、「切迫した安全保障環境に対応するためには、我が国の科学技術・イノベーション力をスピンオン（民間技術の軍事利用）し、安全保障目的、防衛目的で最大限に活用していくとともに、防衛省の研究開発の成果をスピンオフ（軍事技術の民間利用）して社会に還元していくことが必要である」と謳っている。

米軍の新しい潮流を見据えながら、日本でも新たな民間技術を軍事技術に活用していく車輪は回り始めている。そしてそれは米国の防衛関連産業とも連携し、日米の抑止力の強化につながることが見込まれている。

今まで防衛産業といえば大手の国防企業の話と片づけられてきた。しかし、時代は変わってきた。極端な言い方をすれば、狭義の国防産業の垣根を越えて多くの産業が防衛産業になるかもしれないのだ。その生産物、販路、生産効果のすべてが、国に安全保障の観点から評価され、また融資が注がれ、成長する時代が目前にまで迫っている。

5章

空母は日本が輸出

――戦争経済下の米国の秘策

1節　経済の〝神通力〟を失う中国

●効き目薄れた日本への「軍国主義」批判

米国の防衛産業サプライチェーンに日本が参画する姿に、焦りを隠せないのが中国だ。中国は、日本のマスコミや左派政党を使って防衛産業拡大を阻止させようと躍起になっている。

中国外務省は、お決まりの対日批判を繰り広げる。

２０２３年12月25日、パトリオットの輸出解禁を受け毛寧報道官は日本に対して定例会見で、「〝近隣諸国の安全保障上の懸念〟を尊重、侵略の歴史を深く反省し、実際の行動を通して近隣諸国と国際社会の信頼を得るべきだ」と非難した。

中国の説明する「近隣諸国」とはどの国をさすのだろう。

朝鮮半島の民主主義国である韓国だろうか。それとも東南アジアの民主国フィリピンだろうか。あるいはともに米国と戦ったベトナムだろうか。または東南アジアの盟主を自負するインドネシアだろうか。

韓国は、中国の軍事圧力に苦しんでいるのは周知の事実だ。

フィリピンは、中国海警局の船と南シナ海の領有権を巡り衝突を繰り返し、ベトナムはスプラトリー諸島の島々を中国海軍に武力侵攻され占領されてしまっている。アジア太平洋諸国は、フィリピンやベトナム、インドネシアなど東南アジアを中心に海洋侵略を繰り返す中国の侵略行為にこそ怯えている。

また、毛報道官は第二次世界大戦の日本について、「日本軍国主義」というレッテル貼りを持ち出し、「日本の軍国主義的侵略の歴史から、日本の軍事的安全保障の動向はアジア近隣諸国や国際社会にとって常に大きな関心事だ」と軍国主義批判を展開した。

現実をみてみよう。

日本は戦後、防衛費をＧＤＰの１％以内に抑え込む自粛路線を20年以上続け、弾薬の調達もままならない「欠陥自衛隊」を世界にさらしてきた。

その一方、中国は国防予算を毎年、年率二桁以上の規模で増加させるという「世界史的な大軍拡」を20年以上も展開している。しかも中国は中国共産党の一党支配の独裁政権であり、日本のような民主主義国家ではない。北朝鮮と同じく、元首である習近平国家主席の個人崇拝を人民に強制する専制国家だ。

日本と中国のどちらが「軍国主義」か、答えは明らかだろう。

世界史的な大軍拡を続ける中国の独裁政権が日本の「軍国主義」批判を繰り返しても、耳を傾

ける国は北朝鮮などわずかではないだろうか。

実際、中国がこうした批判を繰り広げても、アジア諸国で中国政府の批判に同調する動きはほとんどない。自らの「大軍拡」と侵略行為を棚に上げて、日本の「軍国主義」批判を大声で叫んでも、その声はアジア太平洋の国々に届きにくいのではないか。

戦後、中国は日本に対し常に軍国主義批判を持ち出し、日本の影響力がアジアで拡大することを牽制してきた。過去には日本の防衛費を目の敵にして日本政府が防衛費増大に動けば、たちどころに「日本軍国主義」批判を持ち出し、日本の防衛力強化を阻止してきた。

以前はこれに韓国やシンガポールなどアジア諸国も足並みを揃えて非難の声をあげ、さらには日本のメディアや野党も尻馬に乗って歴代政権を批判し日本の防衛力強化を邪魔してきた。だが、ここにきて中国が頼ってきた日本叩きの神通力である「軍国主義」批判はその力を失いつつある。

皮肉なことに、中国の大軍拡が日本の「軍国主義」批判の効き目を激減させている。

この中国の軍国主義批判を、有難く権威を装って報道するのは日本の左派系メディアぐらいである。これから成長する日本の国防産業への恐怖と、焦りが中国にはある。日本の防衛産業が国際市場で活躍することに、中国は黙って見ていられない心境なのだろう。現に日本製「パトリオット」ミサイルは今後、中国やロシアという脅威国を除いて米国を経由して国際市場に広がっていく可能性がある。日本が国際的に信用されているからこそ、世界は日本を受け入れてくれるのではないか。世界を相手にした日本の軍国主義批判はもはや通用しない。

加えて、日本国内でも「軍国主義復活」という呪文で日本の防衛力拡大を阻止する作戦すら効き目を失いつつある。

●魅力も価値も失った中国への工場移転

さらに中国が神通力を失いつつあるのは、中国経済発展の切り札だった**先進国からの「工場移転」**だ。これは決定的だ。

中国は1978年の鄧小平の「改革開放」政策導入で、世界第二位の経済大国にまで成長した。この際に用いた最も効果的な政策が、外資導入である。西側主要国の外国企業に、中国市場開放をエサに進出させ、その技術力や豊富な外貨を手に入れることができた。

いわば日本企業や欧米企業が中国へ生産拠点を移動させることが、中国経済成長のエンジンとなっていた。安くて豊富な労働力や巨大人口の購買力に惹かれ、多くの外国企業が最新技術や資金を中国に流した。

しかし今日、その「伝家の宝刀」に陰りが見え始めている。

ご存じのように中国の不動産バブルの崩壊、地方政府の財政悪化、金融機関の不良債権処理、国内消費の低迷など経済問題は山積し、中国経済が一段と閉塞感に包まれているからだけではない。改正反スパイ法の施行などで中国への投資を警戒する動きもある。こうしたことから今後、主要国の多くが中国への工場移転は難しいと判断している。

つまり中国市場にかつてのような輝き、魅力がなくなったということだ。

この理由はもっともらしいが、それはまだ表面的だ。もっと本質的な決定的な事情がある。それは世界がグローバル経済から戦争経済に転換し、ブロック経済化が進展する可能性が高くなったことが真相である。

ましてや中国をはじめロシア、北朝鮮の脅威が深刻度を増す中で、西側主要国が工場を積極的に中国に移転することはあり得ない。**「工場の中国移転」という手法は、これから飛躍が予想される日本経済を支えることになる防衛産業では、まったく通用しなくなる。**なぜなら、中国が日本の安全保障を揺るがす「脅威国」だからだ。この日本で製造した「パトリオット」ミサイルの製造拠点を中国に移転するなどは、到底あり得ない話だ。

中国の「脅威」があるからこそ備える高額のミサイルを、わざわざ「中国で生産します」という経営者はさすが親中派揃いの日本にもいない。中国政府が得意とする外資優遇や巨大市場を振りかざしても、通用しない分野が経済の中心になってきたのだ。

つまり戦争経済下では、防衛や関連産業は日本にこそ生産の優位性がある。それは明々白々な事実なのだ。日本と中国の立ち位置が決定的に異なったと認識すべきだろう。

ここでとくに強調したいのは、**グローバル経済から戦争経済に変わることで日本の圧倒的な比**

較優位性が鮮明になってきたという点だ。

日本はバブル経済崩壊後に艱難辛苦の末、築き上げた技術を、中国に工場建設するとともにせっせと移転してきた。強烈な円高と、高い日本の賃金に苦しんだ苦渋の選択だった。

日本の鉄道や自動車産業、家電や電子、さらには半導体産業など、日本のお家業といわれてきた産業の多くが中国に工場進出し、貴重な技術を中国に移転し、中国経済を豊かにさせ続けてきた。中国は先進技術をやすやすと取得し、日本から市場を奪い（インドネシアの新幹線受注競争が好例）、日本経済は成長率を落とし、国内の賃金は下がり、中国に進出する企業だけがかろうじて生き残ることができた。

そのことをよく理解していたのが、米国のトランプ前大統領だ。

バイデン大統領も対中政策では、前職のトランプ氏の強硬路線を引き継いではいる。

トランプ氏は大統領在任中、ホワイトハウスで「**中国は米国の費用にただ乗りして、不公平な経済成長を続けている**」と明言していた。米国の費用とは、米国が巨額資金を投じて開発した最新技術であり、「これ（経済成長）を阻止することが中国を軍事的に打倒する最善の戦略だ」とホワイトハウス内で周囲を叱咤していたという。

まさに**この「負の歴史」に終止符を打つ時が来たのかもしれない**。

ノーベル経済学賞のポール・クルーグマン教授は、バブル崩壊後の中国経済の見通しについて、

2023年7月25日の米ニューヨークタイムズ紙への寄稿で、「**中国は日本のようにはならない。もっと悪くなるだろう**」と予測した。

クルーグマン教授だけではない。

注目すべきはこれまで米国の中国賛美派の巨頭が、相次いで中国の見通しについて「悲観派」に転じていることだ。レイ・ダリオ氏（世界最大手のヘッジファンド、ブリッジウォーター・アソシエイツの創業者）は「中国は今後100年間続く嵐に突入しつつある」（日本経済新聞、2024年5月26日）と衝撃的な見方を示し警告した。対中投資推進の旗振り役で著名なエコノミスト、スティーブン・ローチ氏（元モルガンスタンレー・アジア会長）も「香港は終った。これからは中国の中長期的な成長は望めない」と悲観派に転じ、中国政府の主張する「中国経済光明論」に追随する一部の日本のエコノミストを当惑させている。

グローバル経済時代に輝いた中国の神通力は消え去ろうとしている。

2節　日本を底上げする「サリバン・ドクトリン」

●動き出したサリバン・ドクトリン——日米新産軍複合体へ

日本経済を押し上げる風がワシントンから吹いてきた。しかもその風は、クリントン政権以来、中国の外資導入策を支え、中国の経済成長を手放しで喜んだあの米民主党からだ。その中心人物の名前は、ジェイク・サリバン。バイデン政権の安全保障担当の大統領補佐官である。

バイデン政権の頭脳とも呼ばれ、秀才エリートの権化のような人物だ。東部の名門エール大学を卒業し、民主党エリート街道を驀進してきた。グローバル経済のルール後退のキッカケをもたらしたのは、この男の歴史的な演説から始まっている。そして戦争経済のルールを動かし始めたのもこの男なのだ。日本のマスコミはほとんど報じていないが、詳しく見る価値がある。

その歴史的な演説は2023年4月に米ブルッキングス研究所で行われた。この講演内容を読めば、読者の方々も「グローバル経済」は終わったという主張が偏見ではないことがご理解いただけると思う。サリバン補佐官の講演は、時代認識の転換がありありとわかる。

彼はまず次のように述べている。

2023年4月に、グローバル経済から米国の政策の大転換を表明したサリバン大統領補佐官（安全保障担当）

「米国の産業基盤は空洞化している」（原文：America's industrial base had been hollowed out.）」との危機感を表明する。

そのうえで、過去数十年間行われた国際的な経済統合（グローバリズム）について、「各国で経済統合が進めば、より協力的で平和な世界秩序が訪れるという前提に頼ってきた。しかし、多くの場合でそうでなかった」とグローバリズムを徹底的に批判する。

これはまさに、米外交の大立者ヘンリー・キッシンジャー氏が反省した「我々は楽観的過ぎた」と述べたグローバリズム批判と通底する（1章参照）。

特に中国については名指しして、「ルールに基づく国際経済秩序に背き、鉄鋼などの伝統的な産業に加え、クリーンエネルギーやデジタル産業の基盤、バイオ産業という未来産業にまで大規模な補助金を与え続けた」と断罪する。その帰結として、「米国は製造業を失った。我々の未来を決める重要な技術で競争力を失わせた」と厳しい評価を下したのだ。

これでは、まるで**中国は米国経済の主敵扱い**だ。

講演の口調は穏やかだが、中国との貿易の重要性を指摘しつつも、**米国から競争力を奪い米国**

の中間層を貧困化させた主犯として中国を特定し断罪している。

ドナルド・トランプ氏の中国批判を彷彿させる内容だ。「アメリカ・ファースト」を叫ぶトランプ氏は、過去に中国との貿易は「**米国に殺戮**」をもたらしたと非難し、「**米国をレイプ**」したとまで表現をエスカレートさせた。米産業と労働者を守るため、最初に半導体など中国の製品に高関税をかけた最初の大統領はトランプ前大統領だ。

まさに民主党政権の中枢にあるサリバン氏は、米共和党のトランプ氏と同じく米国の経済学の主流の考え方だったグローバリズムに苛烈な批判を浴びせ、決別宣言を出している。

そして安全保障担当の大統領補佐官として、グローバル経済のもたらした軍事的な悲惨な状況に目を向ける。

中国とロシアに対し、

「経済的な統合（グローバル化）はアジア太平洋で中国の軍事的な野心を止めることはできなかった。ロシアに対しても民主的な隣国（ウクライナ）への侵略を止めることはできなかった」

（原文：Economic integration didn't stop China from expanding its military ambitions in the region, or stop Russia from invading its democratic neighbors.）

これは**安全保障の専門家として経済のグローバル化政策の破綻を宣言**したのに近い。

まさに本書の冒頭で紹介した米戦略報告書と同じ認識を共有しており、その経済版ともいえるのではないか。

ここから中国の外資導入を支援する策は出てこないだろう。むしろ米国経済を疲弊させ、その競争力を奪った相手として中国を敵視し、その打倒策を練り上げることになる。それが米国の重要産業への復興策であり、日本などパートナー国と協力して推進する米産業の供給網の再編・多様化である。すなわち米国防衛産業の巨大供給網の新しい担い手として、日本が登場することを大歓迎し育成していくのである。

「サリバン・ドクトリン」とも呼ばれるこの米国の戦略の大転換。ここから日米の新産軍複合体への動きが始まるといっても過言ではない。

●新ワシントン・コンセンサスは「トランプ主義」

サリバン氏は、今後の新しい経済戦略について、これまでのグローバル経済拡大から一転、「豊富な公共財を供給できる能力を築くための産業戦略を取る」と主張する。

具体的には、重要な産業に政府の援助を集中する産業政策を採用する。そのために、「先端半導体や重要鉱物の製造・生産能力について」は中国とではなく、「パートナー諸国と連携して強靭な産業基盤の構築を目指す」と主張する。

もちろんサリバン氏はバイデン大統領の側近だが、直接、産業政策や金融政策を指示する立場にはない。ただ米政権の要として、産業政策を主導する米商務省や軍事の米国防総省、経済政策を主管する財務省のトップと協議し、新しい産業政策を推し進めている。

その政策の眼目は

①重要な戦略的な産業への政府の保護育成策

②ビッグテックと呼ばれる巨大なIT産業と国防産業の協力拡大

③同盟国との強力なサプライチェーンの再構築

とみられる。

その中核にあるのはIT産業を防衛産業に取り込み、アジアでは日米を中心にした新IT産軍複合体制の形成を急ぐことだ。

これまでの市場経済重視の自由主義的なアプローチを否定し、米国に強固な産業育成戦略を導入する。米国の国防を左右するAIなどハイテク産業に補助金を与えて成長を促す。そのために同盟国と強力な製品・部品の供給網を構築することが最優先される。

まさに、米国防総省の目指す日米新産軍複合体の構築を裏打ちするような大転換だ。こうした政策転換を進めた結果、ワシントンやウォール街では、すでにこう呼ばれるようになっている。

「新ワシントン・コンセンサス」――。

これはサリバン補佐官が示したドクトリンを敷衍《ふえん》した経済産業政策を指す。

これまで米国を動かしてきた貿易の自由化を柱とする国際経済戦略、「ワシントン・コンセンサス」を様変わりさせた内容だ。米国は今、「新ワシントン・コンセンサス」の方針に従って、自国及び同盟国の経済や産業を大転換させようとしている。

米クリントン政権時代にローレンス・サマーズ財務長官のスピーチライターを務めたジャーナリスト、エドワード・ルース氏（FTコメンテーター）は、新ワシントン・コンセンサスについてこう喝破している。

新ワシントン・コンセンサスとは、「**国家の安全保障のため中国を封じ込める手段だ**」（英フィナンシャル・タイムズ紙、2023年4月20日付）。

そして中国に対して「バイデン大統領の表現はかなり穏やかだが、バイデン政権の政策はトランプ政権よりも厳しい。バイデンの政策は、人間の顔をしたトランプ主義だ」と見抜いている。

投資効率優先のグローバル経済のルールから、安全保障重視の戦争経済のルールへ。

それはまさにこのサリバン・ドクトリンが政策として反映されているのだ。

そして2024年11月の米大統領選挙で、次の米政権が民主党から共和党に代わっても、中国封じ込め策はさらに厳しく実行されるのは間違いないだろう。

3節　米国防総省の極秘プランは日本製空母の対米輸出

●広がるＭＲＯの衝撃度・日本の造船業界に神風

「サリバン・ドクトリン」やペンタゴンが打ち出した「国家防衛産業戦略」の追い風を受け、日米の新産軍複合体への動きは加速している。

実際、国防生産のサプライチェーン強化に乗り出す米国防総省が、日本の産業基盤を自国の巨大なサプライチェーンに組み入れようとしている。そのことは、これまで触れてきたのでおわかりいただけたと思う。ミサイルから戦闘機のエンジンまで。米国の誇る最先端兵器を日本の工場で製造や整備を行い、対米輸出する動きが本格化している。

米海軍は4章で明らかにしたように米艦艇の「ＭＲＯ」（整備・修理・オーバーホール）を日本の造船業界へ権限移管する方針だ。日本の造船業界は米海軍の修理・修繕という特需が舞い込み、大賑わいになる可能性がある。

中国との軍事的な緊張が高まるにつれて米海軍の出番が増える。するとその修繕需要も当然のことながら高まることになり日本の造船業界の受注は急増するだろう。閑古鳥が鳴いた休業中の乾ドックは、給水され米海軍の艦艇で埋め尽くされる光景が出現するかもしれない。

すでに佐世保に停泊中の米海軍所属の強襲揚陸艦などが、横須賀港で「ＭＲＯ」を受ける協議が浮上している。それは米海軍の求める艦艇艤装の全部品を日本で製造することであり、そのためには米側も日本側へ細部にわたり製品仕様を渡し技術供与しなくてはならない。米海軍の「ＭＲＯ」が日本造船業界に与えるインパクトは限りなく大きい。もちろん、対空システムなど供与できない電子兵器関連の軍事機密は密封されたままだろう。

いずれにしても、米軍艦の船体の大規模修繕に必要な技術は移転せざるを得ないし、日本の造船技術を転用したほうが工費も廉価で済むケースもある。

ここから見えてくることは何か。

米軍艦艇まで製造する技術と能力を日本の造船業界が獲得することになるということだ。つまり、**米国本土に帰港せず日本にとどまり続ける艦艇は、日本でも製造できる道のり**が開けることになる。

●米海軍の秘策・日本製の空母建造か

米国防総省内の一部チームで密かに練られている極秘プランがある。

それは米第七艦隊の艦艇を日本で製造させ、日本から米国に輸出させるという新たな産業スキームの提案だ。さらに驚くべき輸出案件が米国防総省で密かに検討されている。

理由は明快だ。日本の造船技術が世界トップレベルであるのに加え、造船費用が米国の十分の一以下で済むからだ。しかも「MRO」で米海軍仕様の設備へと更新され、フルスペックの船体建造技術まで完備することが予想されるからだ。

最初は排水量の小さな艦艇から始めて、排水量が1万トンを超える大型軍事艦艇まで検討されている。最終的には、強襲揚陸艦など米国の小型空母や通常型の空母製造まで入るという。

それは**米国の空母を日本で製造するという、驚天動地の計画になる。実現すれば日本で製造した空母を米国が輸入するという「新たな日米同盟のシンボル」**となる。

中国が急ピッチで空母建艦を進めているのに対し、米海軍が使用する空母は建造費が巨額にのぼり必要な空母数をまかなえていないのが現状だ。原子力空母で一隻建造するのに2兆円近い費用がかかり、新たな建造計画推進のネックとなっている。そこで、日本に空母製造を発注することで巨額の建造費負担を軽減しようというわけだ。

ちなみに、日本の小型空母の建造費は「いずも」級で約1200億円、「ひゅうが」級で約1000億円と圧倒的に安く建造できる。小型空母と称しても、排水量は「いずも」級で約2万6000トンと大型艦船となっており、通常動力型の空母であれば十分建造できる。日本は通常型空母や強襲揚陸艦の船体部分を建造し艦上の航空管制システムや対空防衛システムは米国制の最新システムを導入するという。

まさに日米共同の建造プランであり、海上自衛隊士官も同乗させ共同航海させる案まで検討しているという。

実は**小型空母（ヘリコプター搭載型護衛艦）を改造し、「F35B」を搭載して空母戦力に生まれ変わらせるという動きを10年以上も前に予測したのは、拙著『空を制するオバマの国家戦略』であった。**同書では、この秘策を力を増す中国海軍の対抗策として紹介した。日本のマスコミがまったく報じていない中で、いち早く詳細にお伝えすることができた。当時は、一部識者から「技術的に不可能」「荒唐無稽な作り話」とも揶揄されたが、現実は拙著の予測通りとなった。

これは日本が次期主力戦闘機に「F22ラプター」を切望したものの、当時のロバート・ゲーツ国防長官が拒否し、日本にF35戦闘機を押し付けた当初から密かに温められて来た構想なのだ。予測が実現するまでに10年以上かかった。兵器の配備とは民間の設備投資以上に超長期計画であり、どこの国でも実現するまでに長い時間とさまざまな困難がある。

もちろん今回の日本からの空母輸出計画も、米国防総省の机の中にあるプランであり、実現する見通しは未知数だ。

大きな課題もある。1920年に制定された「ジョーンズ法」の存在だ。同法は米国本土以外の地域で米国の軍艦など戦略物資の生産や整備ができないよう規定した法律であり、高いコストを代償に米国の造船業界の利益と雇用を守っている。しかし、この時代遅れの法律に縛られている限り、造船能力の劣化した米国が世界一の造船能力を誇る中国海軍との建艦競争に敗北するのは必至だ。このため米国の政界では、与野党を問わず同法の域外適用を求める声は強まっている。

前述した米第七艦隊の日本の造船業界への「MRO」業務認可でも、当初は米国の造船業界からの反対は強かった。しかし、迫りくる「中露同時戦争」のリスクが高まる中で、米造船業界は米政府の説得に譲歩した。今回のジョーンズ法の見直しについても反対は強いが、今後の「中露同時戦争」への備えが強まる中で、日本での米海軍艦艇の建造を認めるよう同法改正の動きが高まることになりそうだ。

実は世界二位の造船能力を誇る**韓国は、すでに米軍艦艇の大型受注に向け、米政界やメディアに対し韓国でのジョーンズ法の適用除外や改正を求めるロビー活動**を密かに展開している。

今後は米国防総省は大胆なサプライチェーン改革を進める中で、ミサイルから戦闘機エンジンへと日本との協力分野を信じられないスピードで拡大していくとみられる。

とくに協力関係の親密な米海軍と日本の海上自衛隊では、政治的な障害が取り除かれれば、軍事的な合理性に基づき空母共有計画が新しいサプライチェーン構想の目玉として浮上しそうだ。

さらにコスト圧縮以上に米国にとってメリットが大きいのは、軍事衝突のリスクが急増する太平洋海域で小型空母を中国近海に配備できることだ。小型空母の最大のメリットは緊急時の即応体制が強化されることだ。

ミサイル増強を進める中国軍に対し、米海軍は小型空母などの海上プラットフォームの数を増加させることでその攻撃力を分散化できるメリットも大きい。

対中防衛策として米海軍は太平洋海域に多数の小型空母を展開する戦術を立てており、その小型空母の建造費圧縮案として日本に小型空母建造を発注する案が出てきたわけだ。

●米軍の造船能力が低下・空母増産間に合わず

実は日本に空母建造を依頼する極秘プランが生まれてきたのは、軍事的な動機以外にもうひとつ深い理由がある。それは米国のアキレス腱ともなる「造船能力の惨状」(米国防総省)だ。米国はグローバル経済下で脱工業化を進め、製造業は海外に移転し産業の空洞化が進んだことは「サリバン・ドクトリン」にも痛烈に認識されている。その中でとくに問題なのは造船業だという。官民とも造船所は熟練労働者も減少し造船能力が低下している。米海軍の求める新しい艦艇建造が容易に進んでいないのが現状なのだ。

例えば、米軍傘下の海軍造船所ですら資金不足で、国内9か所からポーツマス造船所やノーフォーク造船所などの4か所に半減し、空母や原子力潜水艦の建造需要に応え切れていない。これに加え熟練労働者も高齢化で急減。このため、高まる空母需要に対応するには相当長期間をかけて造船体制を立て直す必要がある。

このような状況をみて中国メディアからは、「中国の造船能力は2326万トン。米国は10万トン未満」と揶揄され、米海軍の足元を見透かされている始末だ。

中国やロシアの軍事的な脅威の中で、米空母の出番を求める声は世界で噴き上がるが、今の空母11隻体制では間に合わず、有事には「空母空白地帯」を生んでいる。その結果、米海軍の誇る空母を中心とした遠征打撃軍が、空母不在で航行するケースも続出。「米海軍創設以来の危機的な状況だ」という声まで出ている。

さらに問題なのは、ドック入りの長期化だ。空母ニミッツなど建造から20年以上も経過した空母が老朽化し修繕部分が増えたのに加え、ドックで熟練工が揃わず作業が大幅に遅延するのが常習になっている。このため11隻体制は常にスタンバイ状態にはならず、ドック入りを待ち停泊している空母の姿も目撃されている。

世界の造船大国（2020年の竣工量）

単位：1000トン（隻数）

1位	中　国	23,260（721）
2位	韓　国	18,263（219）
3位	日　本	12,937（490）
4位	フィリピン	608（20）
5位	ベトナム	579（50）
6位	イタリア	518（7）

（外務省調べ）

米海軍は現在、空母11隻体制を標榜しているが、実際「海洋で運用可能なのは3～5隻体制」という状況だ。通常のマニュアルでも、定期的なMRO（整備・修理・オーバーホール）を受ける空母が2隻、オーバーホール完了後に再試運転が必要な空母が2～3隻、原子力の核燃料交換を伴うオーバーホールが1隻という体制で運用しており、外洋で実務に就役できるのは5～6隻というかなりタイトな配備となっている。

遅延している現状にさらに米海軍の求める新たな空母製造の負荷を造船所に加えると、現状の修理工程はさらに圧迫され、改修工事の大幅遅延を招くことは確実だ。国内造船所の減少と造船技術者の急減が海軍の求める新艦艇増大計画の実現を妨げており、新造艦計画が増えれば増えるほど、メンテナンスのために割けるドックと技術者の数が減るという悪循環に陥っている。

米軍が中国やロシアとの激しい建艦競争に直面する中、「米軍必敗」の声がささやかれるのもこうした事情からだ。グローバル経済で「平和の配当」に甘えた軍事体制の結果といえるかもしれない。

２０２２年10月４日、米海軍待望の最新鋭空母「ジェラルド・R・フォード」がようやく配備され、晴れて米バージニア州ノーフォーク造船所から大西洋に向けて出航した。電磁式カタパルトを備え、数々の電子戦装備も満載した最新鋭空母だ。だが、建造費は１３０億ドル（1兆９５００億円）と2兆円近くにまで膨れ上がった。巨額に膨らんだ挙句に、工事期間も熟練工の不足などから3年以上も遅れるというオマケまでついた。

これは米海軍首脳に痛烈な教訓を与えた。「建造費の膨張と工期の遅れは繰り返してはならない」。だが、現状ではどうにもならない。しかし、戦争は待ってくれない。

２０２４年以降、中国とロシアの軍事的な威嚇が増大する恐怖のシナリオが待っている。米海軍はこの致命的な造船能力の欠落にどう対応するのか。

ここで太平洋の彼方に目を転じれば、米国の忠実な同盟国にして大海運国の日本がある。その造船能力は世界トップクラスを維持しながら、乾ドックに閑古鳥が鳴いている。この過剰な造船設備と技術を米海軍に提供させる。

これが日本製造の空母プランが密かに練られている理由だ。

米軍の置かれた生産力の状況から生まれた「やむに已《や》まれぬ」現実的な対応策なのだ。米国の造船能力が落剝した今日、同盟国日本の造船能力は魅力的に映るに違いない。

日本の海上自衛隊は、現実的に空母を運用する領域に近づいてきた。21世紀に立ち上がった日本の空母建造と運用の新しい雄姿が、造船能力欠如に苦しむ米海軍を助けることになる。

●誕生した日本製の空母「かが」

実際、日本製の空母はすでに誕生している。

海上自衛隊の第4護衛隊群は、2023年12月25日に小型空母への初歩的な改造を完了した強襲揚陸艦「かが」（海上自衛隊ではヘリコプター搭載型護衛艦と呼称）が、試験航海を行ったと発表した。

その姿は艦橋が台形から長方形に変わり、甲板は全通型甲板に改造しているのが特色だ。乱気流を防ぎ、F35B（垂直離着陸機）を搭載するために大幅に改造されており、今後さらに改修され、２０２４年から「かが」艦上でステルス戦闘機「Ｆ35Ｂ」の本格運用が始まる。実質的な日本の空母の運用開始となる。
　この新空母の成果を米国防総省は凝視している。

　実は日本の空母保有を後押ししたのは、トランプ大統領の来日がキッカケだったことはあまり知られていない。
　空母保有は海上自衛隊の創設以来の悲願だったが、国内の政治的な事情に加え肝心の米国側の対応が時に消極的であったため、なかなか実現にこぎつけなかったいきさつがある。

雄姿を見せる空母「かが」

　この霧を振り払ったのは、トランプ大統領（当時）が米海軍兵士の前で宣言した「お墨付き」だったといわれる。
　２０１９年5月28日、トランプ大統領は安倍晋三首相（当時）と海上自衛隊の横須賀基地に停泊する「かが」に乗り込み、両国水兵を激励した。両国首脳が海上自衛隊艦艇で水兵を激励するのは日米史上で初めてだった。そこでトランプ大統領は「この護衛艦がＦ35Ｂを搭載できる空母に改造され、日米が新しい脅威に立ち向かえるようになる」とまで踏み込んで発言し、日本の空母改造計画を手放しで賞賛した。
　米海軍にはやはり１９４１年（昭和16年）12月の真珠湾攻撃の記憶があり、具体的な計画が持ち上がっても、実際に日本に空母を持たせる段階になると根強い抵抗があったという。これまで米海軍は、日本の海上自衛隊に協力しながらも、海上自衛隊が防衛以上の戦闘力を獲得することについて牽制する側面もあった。日本の空母保有については最後まで米海軍内部で抵抗する動きも見られた。しかし、トランプ大統領が、護衛艦「かが」が空母に改造される計画を米大統領として初めて公式に認めた。このインパクトは大きかった。

しかも日本の空母保有を「新たな脅威に立ち向かえる」切り札として大統領自ら後押ししたのだ。「その効果は絶大だった」と防衛省の関係者は打ち明ける。米海軍側の協力も目に見えて積極的となり、「かが」の空母改造の大きな弾みになったという。もちろん、これにはビジネスマンらしいトランプ氏の計算が働いたとの指摘もある。高額な「F35」戦闘機を世界の同盟国に大量購入させる切り札として、日本市場を突破口に使ったというのだ。

当時は、野心的なステルス戦闘機である「F35」について、導入をためらう国がカナダなど同盟国の間にも多かった。このため日本に空母改造を認める代わりに「F35」を大量に購入させ、世界に「F35」ブームの流れをつくったというわけ

2019年、護衛艦「かが」の格納庫でスピーチする安倍晋三首相とトランプ大統領

だ。

いずれにせよ、「F35B」を搭載するため、日本の護衛艦の空母改造計画は米軍の積極的な協力も得て順調に進み、わずか1年間足らずの改修で完成させた。今後は、護衛艦「ひゅうが」も同様の空母改修計画を進めており、二隻目の空母誕生となる。

ただ、空母は無人艦艇など新兵器が登場する中で、時代遅れの兵器ではないかという指摘があるのも事実だ。しかし日本の場合、面積37万8000平方キロメートルという山ばかりの狭い国土で、航空優勢を保つためには戦闘機を発着させる滑走路を多く整備する必要がある。

日本には現在、45か所の飛行場があるが、航空自衛隊の戦闘機を運用するのに必要な2400メートル以上の滑走路を備えた飛行場は24か所と少ないのが現状だ。中国空軍と直接対峙する南西諸島では2400メートル以上の滑走路を備えた航空自衛隊の使える飛行場は、沖縄本島の那覇基地一か所だけだ。

仮にこの那覇基地が、親中派勢力を筆頭に反戦デモなどによって機能不全に追い込まれれば、戦闘機は飛び立てなくなり、万事休すとなるかもしれない。戦う前からの「敗戦危機」を回避するために、海上から戦闘機を発進させる基地、すなわち空母がとりわけ南西諸島防衛で何より必要となるのではないだろうか。

米国にも、新しい戦争局面台頭で空母無用論がある。が、空母は世界各地の紛争地域に米国の力のシンボルを派遣する意味合いが強い。また中東やアジア太平洋に展開する米陸軍や海兵隊にとっては、空母による航空支援が受けられるメリットも大きい。

中国だけでなく、インドやタイ、ベトナムなども空母建艦を急いでおり、海上覇権を維持するうえで米国を始め日米欧諸国は空母建艦競争に負けるわけにはいかないのだ。

岸田政権下で作成した防衛力整備計画で、日本はヘリ空母も含め四隻の空母保有を目指す。日本型空母の高い俊敏性や低コスト性などが評価されれば、対米輸出の道も開けてくる。

●日本の防衛力強化のために求められる真の政治家

そしてこれは対外的に公表されていないが、関係者によると、米国防総省が頭を痛めているのが、トランプ氏の大統領復権の可能性だ。

２０２４年11月の米大統領選の行方如何で、米国防総省の対応も変化せざるを得ないからだ。米国防総省内部で、トランプ氏が大統領に就任した場合の対策を検討しているという。なぜなら、トランプ氏が名うての「大海軍主義者」だからだ。トランプ氏は大統領時代に「大海軍の復権」を掲げ、海軍艦艇数３５５隻、空母12隻体制の大目標を掲げた。

現状は３５５隻体制には到底届かず、空母も最新鋭空母「ジェラルド・R・フォード」がようやく就役し、なんとか「11隻体制」にまで近づけた。慧眼なトランプ氏はこれが名目上の体制であり、実態は５～６隻体制であることをたちどころに見抜くだろう。国防総省幹部は新大統領から呼びつけられ大目玉を食らうのは必定だ。新大統領が就任する２０２５年1月までに米軍がこの目標を達成するのは難しく、トランプ氏から「目標未達」を厳しく追及される。

さらには最新鋭空母「ジェラルド・R・フォード」と同じ、２艦目のフォード級空母「ジョン・F・ケネディ」の建艦が予定より5年以上も遅れている。米国防総省の幹部には、トランプ時代の悪夢が蘇る。大統領在任中、米国防総省に空母増強を直接指示し、「中国海軍との建艦競争に後れを取るな」と檄を飛ばしていたからだ。

当時のマーク・エスパー国防長官が「空母中心主義」の変更を迫り、空母「9隻体制」への削減を検討していると伝わると、トランプ氏は不機嫌になったという。このことがエスパー国防長官更迭の一因になったとの見方まで浮上するほどだ。

そしてトランプ前大統領は「大海軍主義者」であると同時に、とりわけ「空母優先主義」で有名だ。最近はトランプ氏周辺の軍事顧問の間からは、再び「大海軍再建」の勇ましい声が漏れているといわれる。空母については12隻体制どころか増強著しい中国海軍に対抗するため、米海軍全盛時代の「空母15隻」、艦艇数６００隻体制のスローガンまでささやかれているという。

これまで見てきたように、資金不足と造船能力の欠如で現実には難しい。これでは空母増強を迫るトランプ氏を説得できない。トランプ氏が再任されたときに備え、米国防総省として空母増強の新しい提案、「切り札」が必要なのだ。

この「切り札」として急浮上したのが、**日本に米国空母の建造を肩代わりさせる「日米スワッ**

プ建艦計画」案である。つまり、トランプ氏が大統領に近づくほど日本の米国空母建造計画が浮上してくるというわけだ。資金圧縮と造船能力の欠如を解決する、極秘の最上プラン。この案が現実味を帯びてくるのはトランプ氏再選という米政界特有の事情がある。

ただ、この構想の実現には日本側がどう対応できるかにもかかっている。「反戦平和」をお題目のように繰り返す国内世論の風潮の中で、攻撃兵器の象徴である米国空母を日本が建造することには強い抵抗が予想される。

第四護衛隊群（呉が母港）に所属する「かが」の空母への改造。その実現には当時、安倍晋三という稀有の才能を持った政治家がいたからこそ可能だった。トランプ氏の日本に対する強硬な防衛負担増強を巧みにかわし、ステルス戦闘機「F35」の大量購入と護衛艦の空母改造をセットにして米国防総省を動かした。米国防総省の打診に、現実的に対応できる日本の政治家が必要なのだ。

単なる行政文書の作成指示だけでなく、「敵基地攻撃能力」の保有にかたくなに反対する一部与党議員、戦時でも「対話」の有効性を強調する一部マスコミ。こうしたグループへの粘り強い説得と関係団体への協力が求められる。

これを実現できる政治力を持った政治家が果たして日本にいるだろうか。もちろん、ただ米国の仰せに従うだけの従僕のような首相には務まらない。

米国の要求に対し、真に日本の国防力強化を実現できる戦略を練り上げなければならない。それにはFMS（有償援助事業）調達という米国主導の兵器購入システムの改善も含まれる。兵器の購入価格も仕様も米国主導で決められてしまうFMSの比率を減らし、同時にこの制度の運用改善を求める。米国が防衛産業の供給網の改革で日本に参加を呼び掛けるときが、最大のチャンスだ。

歴史観も国家観も持たないただの「首相」役には難しいかもしれない。だが、挑戦しなければならない課題なのだ。

●「逆プラザ合意」の始まり・歴史的な円安を呼ぶか？

さらにこの章の最後に、米国防総省のサプライチェーン改革が日本の為替動向に大きな影響を与えることにも触れておきたい。日本の報道の多くは、為替動向について日米の金利差や国際収支の構造変化（デジタル赤字の急増）などマクロ経済の観点から分析しているが、これだけでは時代の大きな転換点を見落とすことになる。

戦争経済の時代下では、為替政策はロシアの通貨ルーブルの価格など安全保障の最大の焦点となっており、安全保障政策の有効な兵器として通貨政策は位置づけられている。

これまで述べてきた米国防総省の「中国製品排除」の供給網再編の大改革は、日本の通貨動向に大きな影響を与えずにはおかないだろう。紙幅の関係で詳細にはお伝えできないが、すでに米国は官民挙げて円安誘導に向け密かに動き出している。日米の通貨動向をマクロ経済の観点からだけでなく、安全保障の観点から彼らは捉えている。

米国が進める防衛産業のサプライチェーン改革をみてみよう。

この改革を進めるうえで最大の障害となるのは、実は日本の円高なのだ。

日本円がドルに対し高くなれば、たちまち日本製の装備品を購入する米国防総省のコストアップ要因となり、「メイド・イン・チャイナ」製品の一掃という「世紀の大改革」は困難を来しかねない恐れがある。米国防総省が創設以来の供給網改革を成功させるには、１９８０年代の日本を襲った円高政策はお呼びではない。むしろ日本の対ドルベースの円高は米国のサプライチェーン改革では最大の懸案になる。

時代は変わったのだ。

財務省や日本銀行の金融関係者には、世界最大の軍事国家、米国が発動したグローバルなサプライチェーン改革戦略への認識が欠けているのかもしれない。

米国が国運を掛けて取り組む長期間に及ぶ供給網改革を着地させるには、長期にわたる対ドルベースの「円安」を必要とする。想定外の円高は、米国防総省が進めるサプライチェーン改革の成果を台無しにする最大の障害となりかねないのだ。円安を誘導するのは、マスコミで指摘される日米の金利差やエネルギーの貿易赤字だけではない。米国の安全保障上の産業政策がグローバルに転換したことも背景にある。米国が日本に兵器の主要部品から艦艇の大規模修繕、軍艦の建造を発注しても、想定外の円高では米国の利益を著しく損なうことは必至だ。円に対する強いドルの維持はこれからの米国の総合的な軍事力を左右する。

日本の産業力を統合する供給網システムを米国がスタートさせるために、為替政策も調整される必要が高まっているのだ。

そのことを知り抜いているのは、産業分野での日米同盟の強化に陣頭指揮を執ったラーム・エマニュエル駐日大使だろう。

日本銀行は発表していないが、「第二のマッカーサー」とまでいわれる米国の「ランボー」、ラーム・エマニュエル駐日大使は素早く動いた。

2023年12月23日、為替動向のカギを握る日本銀行に乗り込み、植田和男総裁と会談し金融政策について協議しているのだ。しかもその隣には、米国の政策金利を決定する米FOMC（米連邦公開市場委員会）のメンバーであるオースタン・グールズビー・シカゴ連銀総裁も同席させている。グールズビー総裁は、オバマ政権時代に大統領に経済政策を提言する大統領経済諮問委員会（CEA）の委員長を務めた金融政策の大立者だ。協議の内容までは不明だが、中露同時戦争という差し迫る脅威の中で、日米同盟強化を進める日米両国の金融政策の新しい役割について話し合ったことは間違いないだろう。

為替市場の潮流にも大きな変化が生まれている。

「逆プラザ合意が始まったのではないか」

ある日本のメガバンクの為替トレーダーはこう指摘する。つまり円安を是正し円高に誘導した1985年の「プラザ合意」とは真逆の、円安に誘導する国際通貨の流れが強まったのではないか、という見立てだ。

もちろん「プラザ合意」のような米政府主導の強引な為替レートに対する取り決めには、正式な政府間の発表はない。しかし2024年春からの為替市場の流れには、円買いの動きに対しマグマのような「円売り」の動きが雲のように現れる。この大きな資金の流れの背景には、日米の金利差というマクロ環境から生まれる流れだけでなく、「政府機関やその支援を受けたヘッジファンドの影を感じざるを得ない」というのだ。

2023年12月23日、エマニュエル大使は植田日銀総裁と会談した。左端は米シカゴ連銀のオースタン・グールズビー総裁（エマニュエル大使の「X」より）

プラザ合意以前の日本円の対米為替レートは、1ドル200円台の水準だった。現在はすでに1ドル160円に一時到達しており、市場に大きな節目感がないのが気がかりだという。日本銀行が金融界の支持を受けて待望の利上げに踏み切っても、望み通りの円高局面は招来されない可能性もある。円高ではサプライチェーン改革を進める米国が困るのだ。実際、イエレン財務長官は何度も「為替介入は例外的な状況で、まれであるべきだ」と異例の発言を繰り返し、日本の為替介入を牽制している。ポール・クルーグマン教授は6月2日、米ブルームバーグとのインタビューで「円安は日本にプラスだ。日本経済にとって需要押し上げにつながる円安に、日本の通貨当局がパニックとなっているのは理解し難い」と語った。

さらにこの円安は米国防総省にとってだけでなく、日本にとって米国の兵器購入が高く付く替りに日本の兵器輸出にも大きなプラス効果が望めるだろう。

米国製兵器が支配するアジア太平洋の兵器市場に、廉価な中国製兵器が怒濤のように押し寄せつつある。中国はアジアへの影響力を高めるため中国製兵器の売り込みを必死に展開していることはあまり知られていない。中国は韓国以上に兵器の輸出拡大に力を入れており、その最大の標的は米国製兵器の金城湯池であるアジア太平洋地域や中東地域だ。特にアジア太平洋地域は、インドネシアやタイなどの東南アジア市場を梃に米国製兵器の駆逐を狙っている。優秀な米国製兵器ですら「強いドル」に裏打ちされているがゆえに、価格では安い中国製に太刀打ちできなくなりつつある。価格競争力のある同盟国日本の装備品や兵器がアジア市場でも復活することを米国は望んでいる。

●歴史的な円安で日本経済にチャンス——防衛増税より分配政策の強化

いずれにせよ、このサプライチェーン改革がもたらす円安効果で日本の産業構造も大きく変化する。

長年の円高で日本の産業構造は製造業が海外進出し、円安が輸出増を呼び内需を拡大させるパイプが弱っている。比較優位を高めた国内産業立地に産業規模を再集積させる動きが強まるだろう。「生産適地」というグローバル経済の甘い考えも試練にさらされる。「生産適地」が中国のような脅威国やテロ国家だった場合、どうするのだろう。

今後は円高で恩恵を受けたサービス産業だけでなく、時間はかかるが輸出などを柱に日本で稼げる産業を再集積する動きが強まる。海外では日本を重視する流れが強まっており、これまで外資の対日直接投資残高はＧＤＰ比５％以下と「北朝鮮以下の低水準」という惨状だったが、改善されるチャンスが巡ってきた。米マイクロソフトは今後2年間で４４００億円の対日投資を発表し、対話型ＡＩの「Ｃｈａｔ（チャット）ＧＰＴ」を開発した米オープンＡＩはアジア初の拠点を日本で立ち上げる。要素技術に優れた日本の産業への海外のハイテク企業の対日直接投資も加速する。

トヨタ自動車は、日本初の営業利益5兆円達成という空前の好決算（２０２４年3月期連結決算）を発表した。輸出企業を中心に好決算が続く企業も目立っており、政府の法人税など税収は増大しＧＤＰも増大する。世界一を誇る日本の対外資産残高も、２０２２年でも１３３８兆２３６４億円と円安効果で資産の評価額が81兆円も増加している。さらに円安が進んだ２０２４年には、対外資産残高は過去最高の規模に膨れるだろう。政府の「隠し財産」の一つである外貨準備特別会計も円安効果で40兆円近い含み益が出ている。

問題はバイデン大統領の指示で防衛力強化に動く岸田政権が、税収増大の恩恵を国民に還元できる「最大の機会」を全く活かす意思がないことにある。

こうして溜まった税収を分配政策を強化し国民に還元すれば、円安による輸入品の高騰などのデメリット解消にも役立つ上、内需も拡大する。岸田首相から出てくるのは防衛増税、国民負担の増加、控除縮小などのステルス増税の連発だ。これではＧＤＰの半分を占める個人消費が失速する。

国民の間で折角高まってきた国防力強化の気運が、岸田首相の進めるステルス増税で萎縮しかねない。

２０２２年も71兆円の過去最高の税収を記録しており、円安が加速した２０２４年も法人税の急増で過去最高の税収が予想される。税収増大の円安メリットの露見を恐れる世論誘導の中で、円安デメリットばかり強調する一部のマスコミ報道に流されてはならない。中国依存の深い日本の一部大手企業や円安批判を煽るマスコミに便乗して、日本銀行は封印された利上げの誘惑に駆られて拙速な対応を取るべきではないだろう。

造船から戦闘機、半導体まで輸出が内需振興に結びつく新たな産業の再集積は、半導体や広義の防衛関連産業で大きく動き出しているのだ。

●表裏一体の対日破壊戦略・日米半導体協定とプラザ合意

さらに驚くべき歴史が繰り返されている。

2章で日本の半導体産業が1986年の日米半導体協定により世界の市場シェアを落とした歴史を見てきた。同時に見落とされている最大の点は、日米半導体協定の強行と日本の超円高政策がセットで導入された連携プレーにある。1986年の日米半導体協定の締結の前年に、超円高に導いた「プラザ合意」(1985年)が米国主導で結ばれた。この二つの対日政策はセットで行われたのではないか。

このプラザ合意により、日本の円は合意前の1ドル=235円前後から約1年間かけて160円近辺に急騰し、日本の半導体産業を塗炭の苦しみに追い込んだ。このセットの連携プレーが「ジャパン・アズ・ナンバーワン」と評価された日本経済を、産業面と通貨面で羽交い絞めすることに成功した。つまり**日米半導体協定と円高誘導のプラザ合意は日本の産業潰しの二本柱とし**

てセットで導入されたということだ。言葉を換えれば、日米半導体協定とプラザ合意はコインの表と裏、表裏一体の対日産業破壊戦略だったともいえる。

2024年の現在、この連携プレーのセットが再び繰り返されようとしている。そして、政策のベクトルは全く逆向きだ。

産業政策では、日本の半導体産業を破壊した日米半導体協定の代わりに、「日米新半導体事業」とでもいうべき半導体産業への米政府の巨大な支援。そして通貨政策では、日本の半導体産業の輸出競争力を破壊した強力な円高ではなく、その競争力をアップする「逆プラザ合意」とでもいうべき歴史的な円安政策。表裏一体の対日産業破壊戦略から、表裏一体の対日産業復興戦略が始まったともいえる。

つまり日本の半導体産業を復興するため、米政府が日本企業に対し技術支援など政策支援（「日米新半導体協定」）を行い、同時に日本の半導体の産業競争力を強化するため意図的な円安政策（「逆プラザ合意」）を進める。1985年と同じく、打ち出されるのは産業政策と通貨政策のセットプレーだ。中国とロシアの同時戦争に備え、米国の軍事産業の供給網として日本を復活させるため、米国が新たに打った大戦略なのだ。

これが世界史的に中国とロシアの同時戦争に備えた米国の基本戦略であり、バイデン政権でもトランプ政権でもこの戦略は強まりこそすれ、弱められることはないだろう。

6章

貧民戦争へと向かう習近平の決意

1節　米ビジネス界の中国への期待は幻想に終わるか

●2023年末、米ビジネス界は習主席を歓迎したが…

この戦争経済には、さらに最大の推進役が存在する。隣国中国の習近平主席だ。習近平主席こそ、戦争経済の最大の立役者である。

このような見方に、日本企業の経営者は反発するかもしれない。

「習近平はグローバル経済の推進者だ」

「米中経済の相互依存関係は拡大する」

「米中の対立は一時的だ。見せかけ。キッシンジャーの米中和解のように、米国に裏切られるな」という思いをもつ人がいるかもしれない。しかし、それは間違っている。

2023年11月、習近平主席は米国サンフランシスコを訪問し、バイデン大統領と会談した。6年ぶりの米国訪問だった。

大統領との会談後に、米経済界主催の歓迎パーティーが開催された。会場に駆け付けたのは、米国を代表する経済界のトップリーダー約100人だ。アップルのティム・クックCEO、ブラックロックのラリー・フィンクＣＥＯ、ブリッジウォーター・アソシエーツのレイ・ダリオＣＥＯなどなど。米経済界を代表する重鎮が習近平主席と同じ円卓テーブルに着き、お追従と拍手に明け暮れた。

習近平主席は万雷の拍手の中で演壇に立ち、「世界情勢がどのように変わろうとも、中米の平和的共存という歴史的潮流は変わることはない」と語りかけた。さらには「中国はどのような発展段階に達しても決して覇権や拡張を追求することはなく、他国に意思を押し付けることもしない」と美辞麗句を並べ、演説中、何度も米経営者のスタンディングオベーションに見舞われた。

米経済界の熱意と歓迎は中国ビジネスへの期待の大きさと同時に、現実がそうした思いに応えていない裏返しでもある。

習主席は、「中国は米国のパートナー、友人になる用意があり、二国間協力の余地は十分にある」と述べる一方、バイデン政権に対し「世界は中国と米国の協力を必要としており、中国を脅威とみなしてゼロサムゲームをするのは間違っている」と牽制した。こうした甘い演説を受け、米経済界の中では中国支持の発言が相次いで飛び出した。

日本のマスコミの米国駐在員は、この習近平歓迎の光景を受け、「米中好転」や「米中ビジネス拡大」などと主張したリポートを東京の本社に送るケースも目立った。現場の歓迎ムードに幻惑された内容といえよう。

確かに米国経済界にはバイデン政権の対中姿勢が強硬になるほど、中国擁護の姿勢を鮮明にして歓心を買う動きも相次いでいる。

●習近平訪米でもボーイング機購入ゼロ、落胆の米経済界

しかし、米経済界のせっかくの習近平氏歓迎にも反して、習主席が離米した後には、失望と不満の声が広まった。もちろん、対中ビジネスを考慮して、そうした発言が公式にマスコミに出ることはなかった。

米経済界は何に失望したのか——。それは、長い米中関係の歴史をみれば一目瞭然だが、習主席による**実弾が「ゼロ」だった**ことだ。

改革開放政策後の中国首脳の訪米では、必ず米国製品の「巨額購入」という実弾を浴びせた。それが中国の対米外交の切り札だった。

典型的な例が、米国最大の航空機メーカー、ボーイング社の民間航空機の大量購入だ。欧州のエアバス社と中国市場で争う米国航空機メーカーの足元を見て、大量の航空機購入を提案する。その代わりに、米国の対中外交を中国に有利に働くよう転換させてきた。ボーイング社は米国の政界に大きな影響力をもつ大企業であり、この巨額購入で中国は米国政界に影響力を行使してきたのだ。

江沢民政権、胡錦濤政権、習近平政権。「改革開放」政策以降の歴代の中国政権トップは、ボ

ーイング機の大量購入を繰り返した。金額にすれば米ドルで、毎回100億ドル以上（日本円で1兆5000億円以上）となる「天文学的なお買い上げ」だ。たった一回の訪米で、これだけ米国製品を買い上げてくれる外国首脳は中国以外にはない（この米中外交関係の秘史については拙著『空を制するオバマの国家戦略』で詳しく書いている）。

また、選挙が近ければ、大量の票田をもつ米国農業界に向けた米国の穀物輸入も切り札になった。米国産のトウモロコシなど穀物や穀物粉の大量輸入。各種工業製品や農産物にもその魔の手は及んだ。これもまた歴代中国首脳が繰り出した常套手段だ。

中国への大量売却契約はどうなるのか。米中関係の紐帯となってきたボーイング機

習近平政権でも、当初はボーイング機の大量購入という伝統的な「爆買い外交」を展開した。2015年9月23日、380億ドル相当（当時の為替レートで約4兆6000億円）のボーイング機300機購入の契約を、習近平主席はボーイング社のデニス・ミュイレンバーグCEOと交わした。

8年後の訪米では何が変わったのか。

今回は米中関係を好転させてきた「爆買い外交」のカードを切らなかった。なぜなのか。

表面的な理由はいくつも考えられる。今回のサンフランシスコ訪問は正式な国賓訪問ではなく、多国間外交という格式の落ちる訪問というのが理由だ。しかし、米中関係が抜き差しならない対立となる中で、なぜ購入のカードを切らなかったのか。今回の訪米は、中国側のメンツが立つ「バーゲン外交」カードを切る良い機会だったのではないか。

●購入カードを切れない中国の理由

やはり、習近平が購入カードが切れなかった最大の理由は、中国経済界を取り巻く環境が激変したことが一番、大きかったのではないだろうか。

2023年5月28日、ボーイング社が注目するフライトが中国であった。中国が悲願とする国産ジェット旅客機「C919」が、中国国内で初の商業飛行に成功したのである。別名「ボーイングキラー」と呼ばれている、座席数は150〜200席の中型旅客機で、米ボーイング社の「737」や欧州エアバスの「A320」が競合する。欧米のライバル機として中国が国を挙げて開発してきた。中国は国際市場への輸出を目指しており、米欧メーカーが高いシェアを握る国際市場への殴り込みを狙っている。

生産しているのは当然、中国共産党が支配する上海の国有企業「中国商用飛行機公司（COMAC）」であり、これまでエアバス社やボーイング社からも技術協力を得てきた長い歴史がある。

つまり、ボーイング社は自分のライバルとなる中国国有企業を一所懸命育ててきたことになる。習近平主席は、国産旅客機の就航を「中華民族の夢」と鼓舞しており、まずはボーイング社とシェアしてきた中国国内市場で国産旅客機のシェア奪回を最優先するとみられる。

すでに中国共産党の威令で中国国有の航空会社大手は、中国の国産ジェット旅客機「C919」の受注を急ピッチで進めている。受注機数はすでに1000機を超えた、との情報も出回るなど破竹の勢いで国内市場を奪回している。

つまり、中国は外資導入を進めて来たが、すでに国内で相応の技術（外国企業から入手）を持つ国内メーカーを育ててきており、米中のビジネス環境は激変しているのだ。旅客機で国産メーカーを育ててきた以上、いまさらボーイング機に国内市場を明け渡すことはできないのではないか。

北京で初商用飛行に成功した「C919」。機体はエアバスA320に似ている。

こうした背景を踏まえれば、習近平主席も訪米先でライバルとなるボーイング機の大量購入という「切り札」を切れない事情があったのだろう。

これはボーイング機に限らない。中国はあらゆる分野で米国や日本のハイテク技術の入手と国産化に国力を注いできた。念願の国有メーカーの大躍進の結果、中国得意の「巨大な購入外交」が展開できない皮肉な事態を招きかねない。これが2023年11月の訪米で、習主席が中国得意の「巨大購入」というお土産を持参できなかった最大の理由だろう。加えて、中国の手持ちの外貨も減少しているのではないかという指摘もある。

実際2015年に大型契約したボーイング社の航空機の中国への納入すらまだ完了しておらず、2023年11月の習近平訪米の隠れた最大のテーマは、ボーイング購入契約の完遂を確認する再協議だったのではないかとの見方すら出ている。

ボーイング機と同じことは米国のテック企業にも起きている。

中国市場では、電気自動車はテスラ（米国）からBYD（中国）、携帯電話はアップルから華為技術（ファーウェイ）、パソコンはHPからレノボ、ネット通販はアマゾンではなくアリババ。「GAFAM」と呼ばれる米テック企業の行く手にも、米国から技術移転を受けた中国企業が立ちはだかる。

しかも共産党独裁権力で、中国の「巨大」なはずの国内市場は、外資企業に対して不利になるよう歪められている。

習近平主席は、2024年の新年祝賀の挨拶で、中国企業の国内市場制覇を寿《ことほ》ぎ、「大型旅客機C919は実用化され、国産の携帯電話は（人気で）入手が難しい。国産ブランド品が歓迎されているのだ」とまで語った。

かつて、米企業が自由に稼ぎまわれた中国市場は幻影となりつつある。中国の演出された「巨

中国市場は中国ブランド製品に変わった！

航空機	米ボーイング ➡	中国COMAC
電気自動車	米テスラ ➡	中国BYD
携帯電話	米アップル ➡	中国ファーウェイ
パソコン	米HP ➡	中国レノボ
ネット通販	米アマゾン ➡	中国アリババ、Temu

大市場」は、中国の国有製品にあふれ、収縮経済に陥った今は「満杯市場」に変貌しているのだ。

●ボーイング社も中国離れか、軍事シフトへと大転換

さらにもっと驚愕すべき動きも出ている。それはボーイング社側にあった。中国市場開拓に努力し続けたボーイング社は、航空事故も重なり今や5期連続赤字に喘ぐ。そのボーイング社が方向転換しようとしている。それは、中国市場だけでなく、内外の軍需生産拡大に向け動き出したというのだ。「民需の航空機より、軍需生産に社内の資源をシフトさせている」。そんな情報が航空機産業界に流れ始めた。これには2023年10月に発表された米戦略報告書の影響が大きい。

前述したように、米戦略報告書は米国の目標として中国とロシアの同時戦争の勝利を挙げた。通常戦争でも核戦争でも、両国同時の挑戦を受けても、両国を撃滅するという大戦略への転換と推進だ。

現在の米国の軍事力は圧倒的に戦力が不足しているのは明らかだ。なにしろ冷戦後の大軍縮で米軍の主要兵器は6割以上削減されたというデータもある。直ちに同盟国も総動員して大増産に踏み切らなければ、米戦略報告書が予測するこれからの危機到来に対処できる戦力の準備は間に合わない。これは当然、戦略爆撃機や長距離弾道ミサイルなどを得意とする米国最大の軍需企業ボーイング社の出番となる。

実は、ウクライナ戦争でボーイング社は同業のレイセオン・テクノロジーズやロッキード・マーティン社から出遅れたとの指摘も出ており、大株主の間からは「十年に一度の戦争景気に乗り遅れている」との批判も出ているという。

同社は大量のロビイストを米政界向けに放ち、ウクライナ戦争を契機にした国際軍事紛争リスクの高まりを受け、バイデン政権に軍用機の大幅改修と新機種開発、その大増産を水面下で持ち掛けているという。

さらに中国側が気にする動きにも出ている。

米国最大級の輸出企業ボーイング社が、本社をこれまでのシカゴからバージニア州アーリントンに移転する計画を進めていることだ。アーリントンには最重要な政府機関、米国防総省がある。まさに国防総省の傍に正々堂々と本社を移転し、「国防産業の代表企業」としてアピールしたのではないか、との声すら出ている。

これまでは民間航空機を中国に売り込む対中戦略を軸に進めてきたが、世界市場の「脱中国」

の流れに乗り、これからは皮肉なことに「軍事分野での対中ビジネス」に鞍替えするのではないかと、中国共産党の間で懸念されている。

軍事での対中ビジネスとは何か。中国を抑止する兵器の生産である。

こんな対中攻撃をたくらむ米国航空機メーカーの航空機を、中国市場に導入する新しい契約を習近平が結ぶことになれば、それは「袁世凱以来の売国奴」になりかねない。

グローバル経済全盛時代の「平和な外交」の時代は過ぎ去ろうとしているのかもしれない。

2節　習近平は最初から戦争経済を目指していた

米経済界がどれだけ期待値をあげて習近平主席を賛美しても、習主席にはもう鄧小平時代のような「外資万歳時代」は実現できない。グローバル経済を中国市場に求めるのは難しくなっている、と冷静に認識したほうがいい。

それはボーイング社に対し、「ボーイングキラー」と呼ばれる中型の国産旅客機「C919」を製造したことに典型的に表れている。

今を時めく電気自動車（EV）の最大手テスラでも同様だ。中国の電気自動車の市場では、中国国産ＥＶメーカーのＢＹＤが廉価で大量販売し、欧州やアジア市場にも積極的に投入してテスラを駆逐しようとしている。すでにＥＶの売上高で世界一位だったテスラは、２０２３年には廉価販売のＢＹＤに追い抜かれ２位に転落した。

もちろん、中国ではまだ技術的に遅れた部分もあり、その分野では外資の協力を必要とするだろう。例えば、中型旅客機「Ｃ９１９」ではエンジン生産はまだ完全国産化はできておらず、外資との連携は続く。それが習主席の唱える中国の求める「高度なレベルのグローバル化」だ。

しかし、それは中国が求める先進分野の技術協力であり、その協力だけで過去のような市場の全面開放ということはしない。

●グローバル経済の旗手・鄧小平「改革開放路線」

これまで中国に進出した米国や日本の企業は、中国を「自由市場」と勘違いし、共産党委員会の支配する闇をあまり感ぜずにビジネス展開できた。これは１９７８年に鄧小平が進めた「改革開放路線」のおかげである。

それまでの中国は毛沢東指導の下、社会主義経済を進め各地で共産党委員会書記が全能の権力を振るう共産党全能国家だった。ところが毛沢東の後に、権力を掌握した鄧小平は、方針を大転換した。西側諸国に中国市場を開放し、その資本と技術を導入する「改革開放路線」を進めた。

その主役が外資導入である。外国資本と技術を導入する代わりに中国市場を「開放」し、中国の国有企業や行政機関なども市場経済の原理を重視して「改革」に努めることになった。

共産党委員会の役割は、企業や政府機関で大幅に後退し続けた。資本主義経済の市場経済原理が重視され、欧米留学帰りのテクノクラートが勢力を振るい、マルクス・レーニン主義や毛沢東思想を鼓吹するタイプの共産党員は役割を次々と失っていった。

まさに鄧小平の30年間で中国は市場を開放し、市場経済の原理を重視して国有企業の民営化や党組織の行政機関を「改革」してきた。このため外資企業は中国で地元の共産党委員会の妨害に遭わずに自由にビジネスができたわけだ。これが外国企業が中国に進出した最大の理由であり、「中国は西側の自由市場と変わらない」との印象を与えてきた。米国企業が中国に進出し、中国の国有企業と組んでも共産党委員会が前面に出てくることはなかった。


1980年に、鄧小平は新自由主義を提唱するシカゴ学派の経済学者でノーベル経済学賞を受賞した、ミルトン・フリードマン教授を北京に招くほどだった。国務院の官僚や共産党の経済学者など300人を前に市場原理の理論について講演させ、市場経済の導入と開放を大胆に進めた。1988年にもフリードマンは北京に行き、当時の趙紫陽共産党総書記や江沢民上海市党委員会書記と会談し、自由化政策の拡大を推奨した。

米国企業も日本企業も欧州企業も、鄧小平の進める市場開放と市場原理の導入という改革が本物とみて、鄧小平の唱える中国の巨大市場に殺到した。そのおかげで中国は外国企業の巨額資本と高度な技術を入手し、年率10％以上の高度経済成長を20年以上続けた。こうしたことから、1978年以来の改革開放路線の結果、中国は胡錦濤国家主席時代にGDP世界2位の経済大国に躍進させることができた。

しかし、それを苦々しい目で見ている男がいた。習近平である。

習近平は鄧小平の「改革開放路線」の結果、各機関で共産党の権力が弱体化していくのを目の当たりにしてきた。「金銭万能主義」に陥り、政府や企業のトップが共産党の規律を逸脱し、賄賂などの不正行為が日常茶飯事となって腐敗が蔓延していた。

習近平は2012年に中国共産党中央委員会総書記に就任すると、「反腐敗」運動の大ナタを振るう。

●戦争経済の旗手か・習近平「中華民族の偉大な復興」

つまり**習近平は鄧小平路線を放棄したのだ**。中国は国内市場で国有企業を優遇し、民間企業や外資企業に公平に市場を開放する場面は減るだろう。政府部門や企業経営者に欧米留学帰りの自由主義者が復帰する可能性は低く、中国の愛国主義に凝り固まったマルクス・レーニン主義者か、

「習近平思想」を鼓吹する共産党エリートが表舞台に立ってくる。

鄧小平氏は「改革開放路線」を掲げたが、習近平氏は「中華民族の偉大な復興」をスローガンにして、それを海外の華僑にまで訴えている。「中華民族の偉大な復興」とは、およそ外国に何の共鳴も与えない狭隘《きょうあい》な民族主義者のスローガンのようだ。鄧小平氏の中国を豊かにする「改革開放路線」とは志向が全く違う。

そこで語られる「偉大な復興」とは中華民族の統一であり、具体的にはまず台湾を統一することだ。台湾は李登輝総統以来、中国との統一を拒否しているが、習近平は「武力行使を放棄せず」「祖国の完全な統一は必ず実現する」という。

「中華民族の偉大な復興」とは共産中国の建国者毛沢東もなしえなかった大業なのだ。ここに習近平主席は狙いを定めており、党内基盤の求心力の根源となっている。そして祖国統一とは、現状の中国領土の範囲を指すのではなく、台湾は言うに及ばず日本の沖縄など南西諸島も含まれていく可能性が高い。つまり台湾や沖縄を中国の領土にするということだ。

●「中国製造2025」の外資排斥・見抜けないマスコミ報道

台湾統一（併合）に向けて、米国や日本に負けない軍事力の増強が習近平路線の眼目だ。まさに軍事力強化を経済政策の目標としているのであり、本質は中国式の戦争経済の推進者なのだ。

その意味で習近平政権が2015年に掲げた「中国製造2025」の戦略目標は重要だ。中国は半導体や航空宇宙など、軍事力増強に必要な重要産業の製造で世界のトップに立つことを謳っており、そのために外資の先端技術活用を求めている。これが戦争経済を進める習近平の中国版産業政策なのだ。

民生向上が目的ではない。

もちろん習近平氏も、公式の演説で「全面的に改革開放を深化させる」(中国語・「全面深化改革開放」)と頻繁に使う。しかし、中国政治ではよくあることだが、意味がまるで違う。中国政治の表現を、表面的にしか伝えないマスコミ報道では真実は見えてこない。

実は、**「深化」という言葉で、実際は「改革開放」政策を否定している。**習近平氏は「質の高い発展を進める」(中国語・「推動高質量発展質」)とも併せて強調している。これが「深化」という言葉の意味だ。

つまり**「質の高い」と中国政府がみなす外資は導入するが、「質が高くない」外資の導入は不要であり排除する**ということだ。これが「改革開放」政策を深化させるという言葉の具体的な内容だ。「質の高い外資導入」とは、「中国製造2025」で求める先端技術を開発した外国企業であり、こうした外国企業だけが中国市場の高い関門をくぐれるというわけだ。

中国国務院(中央政府)は2022年7月に「国家標準法」を制定し、中国の求める「国家標

鄧小平路線（グローバル経済）と習近平路線（戦争経済）

	マクロ経済	ミクロ経済	開放政策	重点目標	外交方針	政治方針
鄧小平	成長重視	民間企業（民進国退）	外資導入	経済発展	韜光養晦	政党分離
習近平	安定重視	国有企業（国進民退）	外資排斥	祖国統一	戦狼外交	政党一体

準（GB規格）」に適合しない外資企業は、中国での製造や販売、サービスはできなくなるという。しかも「国家標準」に適合した外資は、その中核技術（例えばトヨタのハイブリッド技術）を中国に移転し、供給網も中国国内で整備することが求められる。外資企業は中核技術を中国に譲渡するか、中国市場から排除されるか、どちらかの道を選ばなければならない。

中国は広い。この政策が地方レベルで確実に浸透すれば、結果的には外資排斥の流れとなっていくだろう。

外資導入から外資排斥へ。この大きな政策転換をしっかり認識してこなかったことに、日本企業のグローバル戦略の破綻が生じている。中国は変わったのだ。

日本のエコノミストの間には経済苦境に陥った習近平政権が、積極的な大型経済政策を打ち出し、民生向上のため国内経済を刺激するだろうとの見方が多かった。

それは中国が戦争経済に転換していることを理解できない虚妄の期待だったのかもしれない。民間経済を刺激するような大型の財政出動は鳴りを潜めており、政治スローガンばかりが巷にあふれている。

習近平路線とは、人民に我慢を強いる軍事強国路線だということが理解されれば、そのような甘い期待は打ち砕かれるかもしれない。

3節　ロシアが台湾に参戦か・習近平の秘策

●マクロ政策は腐敗の温床・忍耐を求める習近平主席

共産党内の腐敗一掃を進めてきた習近平氏にとって、国内の需要を喚起し消費を刺激すれば、浪費が増え、これまで退治してきた腐敗官僚を蘇らせることにつながると考えている。

また、習近平氏が目指す「新質生産力（新しい質の生産力）」政策とは、過剰な生産力を「新・三種の神器」（EV、太陽光発電、リチウムイオン電池）などの輸出に振り向け、国内資源をAIなどのハイテク軍事部門の強化に使い、それを支える製造業に投資する。そこに重点を置いた政策なのだ。

「求是」は、中国共産党中央委員会の最高の理論誌だ。2023年8月16日付の同誌に、習近平国家主席の演説が掲載された。それは人民に「忍耐」を促し、欧米の成長モデルの経済運営は避けるべきという内容だった。つまり、戦時の窮乏経済を訴える指導者という印象を強くした。

欧米の成長モデルの追随は回避すべきとし、むしろ欧米流の消費文化を堕落と捉えている。このため消費文化の助長につながる欧米流の景気刺激策を避けたいのが本音ではないのか。今の低成長の経済に耐えることの重要性を訴えているのだ。習近平時代は消費主導で、国民経済が豊かになる未来は描きにくくなっている。国内需要は収縮し、膨れ上った過剰な生産力は製品のはけ口を海外に求め、世界との摩擦は増す一方だ。

こうした習近平氏の基本的な考え方を理解すれば、「無秩序な資本拡大の阻止」や「共同富裕」、「新質生産力」という、新しい政策の掛け声で何をしようとしているのか見てとれる。

「無秩序な資本拡大の阻止」は、ＩＴ企業や不動産企業などに照準を定め、新たな上場や融資をストップする。また「共同富裕」では、富裕企業や富裕層に政府への多額の寄付を要求したりしている。いわば**御用金の中国版**だ。

こんな政府によるマネー争奪が横行したら、大富豪は一目散に逃げだすだろう。現に逃げ出している。市場経済の流れとは真っ向から反対するような経済政策が目白押しなのが、習近平路線の実態に近いのかもしれない。

わかりやすく整理すれば、

鄧小平氏＝経済豊民路線

習近平氏＝軍拡強国路線

ということになる。

こうしてみれば、日米経済界が期待するようなグローバル経済の推進者として中国が再び立ち上がる光景が再現する可能性は低いのではないか。むしろ、財政出動などマクロ経済政策を打ち出して民間企業や消費者を豊かにすることは、習近平の眼には党の支配を脅かす悪行に映っている。なぜなら、**政府の財布から流れた巨額のマネーは、悪徳党員をはじめ悪徳企業家の懐に流れ、共産党員を腐敗させ党の支配が弱体化**してきたという歴史がある。その歴史の修正こそが習近平氏が２０１２年11月に共産党総書記に就任してから進めてきた「反腐敗闘争」の本当の理由だ。

こうしてみると、習近平主席率いる中国に、「平和と繁栄の協調」時代が戻ってくると思うのは幻想に過ぎないのではないだろうか。そもそもグローバル経済の前提が崩れているのだ。

党支配の強化には西側の教育は不要。政治教育の普及が最優先となる。

共産党の支配を強化し、国内市場で国有企業を優先する。

民間企業の発展は、共産党支配を脅かす。

オンラインゲームは規制し、英語教育を制限する。

このように、習近平氏が進めているのは鄧小平氏とは真逆の路線なのだ。

共産党内でも「共産党の危機」を訴える声は高まっており、習近平の強権でも消し去ることは

できないのだ。すなわち、

①国民経済が発展する代わりに党の支配は弱体化する（鄧小平路線）
②共産党の支配を強化する代わりに国民経済が衰退する（習近平路線）

という二者択一の厳しい選択が目の前に現れてきたのだ。

鄧小平路線に戻れない以上、国内経済が衰退しても共産党の中国支配を強化するしかない。しかし、支配の正当性をもたらした経済発展が望めなければ、正当性は足元から揺らいでくる。社会主義中国の公務員や労働者の給与は大幅カットされるケースが続出し、若者の失業率は悪化している。

支配の正当性は、毛沢東も果たせなかった「祖国統一の大業」に求めるしかないだろう。国内経済の引き締めと軍事産業への人民総動員体制を正当化できるからだ。

祖国統一の目玉、台湾侵攻はいつ始まるのか。その引き金は何か。

その「台湾統一」への戦争発動のシグナルは、ウクライナ戦争のロシア勝利の情報からやって来る。

●ウクライナ情勢で高まる習近平主席の自信

「プーチン大統領閣下、おめでとうございます」

2024年3月17日、ロシア大統領選でウラジーミル・プーチン氏が当選。弁護士でプーチン氏の政敵だったアレクセイ・ナワリヌイ氏の獄中死の上に築かれた5度目の勝利となった。プーチン大統領の盟友、習近平主席は各国の指導者よりいち早く祝電を送った。

実は習近平主席が最も恐れたのは、ウクライナ戦争でロシアの敗色が濃くなりプーチン氏が傷だらけになることだったといわれる。なぜなら、中国共産党内の長老からも習主席の対露傾斜が中国の国益を損なう、との批判が国家主席就任時から渦巻いており、プーチン大統領に賭けた習主席の博打が裏目に出る懸念もあったからだ。

習主席がロシアを訪問するたびに、プーチン大統領に次期大統領選挙の出馬を支持する方針を伝えていたのも、プーチン体制支持に中国として揺らぎのないことを示すためだったといわれる。ウクライナ情勢でロシア側が有利な局面になり、ウクライナの領土をロシアが併合すれば、その成功ほど習近平主席の心を掻き立てるものはないはずだ。

米国のウイリアム・バーンズＣＩＡ長官は2023年2月、「習氏ほどプーチン大統領のウクライナ侵略を注視する外国指導者はいない」と指摘した。

台湾侵攻の成否をウクライナ戦争の行方から見極めようとしているのだ。米国を中心に欧米諸国がウクライナを軍事支援しても、プーチン大統領が振りかざす「核の脅威」で、結局は本格的な出兵はできずにウクライナは敗北する。この流れが国際政治で強まれば、台湾併合の「天の時」は来たと習近平主席は判断するかもしれない。

日本には与党の自民党を中心に、与野党を含め「親中派」が多いとされる。岸田首相がこぶしを叩いて習近平主席を批判しても、馬耳東風。岸田首相率いる日本政府は、裏で中国特務機関が握っているとみているのだろう。

そうした自信が、習近平主席を軍事的な挑発に駆り立てる。そして、尖閣諸島での中国の威嚇はさらにエスカレートする。

●中国は「改革開放」政策の時だけ、戦争が止まった

中国は1949年の建国以後、対外戦争を発動し繰り返してきたことは意外と知られていない。軍事発動については、小規模のものを含めるともっと多いが、他国の領土や領海に人民解放軍を侵攻させたものを対外戦争と捉えると、次のようになる（拙著『日中衝突』参照）。

第一回　朝鮮戦争（1950〜53年）

第二回　第一次台湾海峡戦争（54～55年）
第三回　第二次台湾海峡戦争（58年）
第四回　チベット侵略戦争（59年）
第五回　中印国境戦争（62年）
第六回　中ソ国境戦争（69年）
第七回　西沙諸島海戦（74年）
第八回　中越戦争（79年）

この多さに驚くことだろう。

日本が戦後、平和主義を掲げ自衛隊は他国に向けて一発も撃ったことはなく、侵攻させなかった歴史と比べると、中国は真逆で、一党独裁の下、文民コントロールのない「軍国主義」国家だったことがわかる。日本のマスコミは報じていないが、共産革命の輸出を外国に働きかけ、内政干渉や中国軍の侵略は日常茶飯事だったのだ。

見逃してならないのは、相手国が戦争で負けた場合、中国に領土を取られ併合されるという過酷な現実だ。インドや旧ソ連は国境での戦争で敗北しなかったため領土の割譲という憂き目に遭わなかった。しかし、チベットはこの戦争に負けたため、「チベット自治区」として中国に併合された。チベットでは中国共産党の中国語教育が義務となり、チベット民族の浄化が進み、歴史は塗り替えられていく。ウイグル自治区でも同じだ。

しかも中国の場合は、戦争発動の理由が「国際法違反」を犯したなどの国際社会が認める大義とはならない。1979年の中越戦争では、中国人民解放軍がベトナム国境3か所から攻勢を仕掛けて始まった。その理由は、「ベトナムを懲罰する」というものだ。どのような権限で中国がベトナムを「懲罰」できるのか。

しかも中国は台湾の代わりに国連に加盟し、国連安保理常任理事国なのだ。国連安保理に諮ることもなく、自国の「懲罰」という勝手な論理で他国に侵攻している。

日本にも福島第一原子力発電所の「処理水」問題で、中国共産党は「汚染水をばらまき国際生態系を破壊している」と言いがかりをつけ非難する。こうした「懲罰戦争」の歴史を振り返ると、この「汚染水」批判を国際社会に広げ、ロシアや北朝鮮とスクラムを組んで「懲罰」戦争を仕掛けるリスクもあるかもしれない。「台湾有事」だけではない。「汚染水有事」もあるということを警戒する必要があるだろう。

いずれにせよ、中越戦争では強力なベトナム軍の抵抗により約1か月で中国軍は撤退し、戦争は終わりを迎えた。

その好戦的な覇権国家、中国が対外戦争を停止し静かだった期間がたった一つだけある。それは鄧小平氏が「改革開放」政策を本格的に開始した期間である。

1979年の中越戦争が終わると、鄧小平氏は「改革開放路線」を加速する。1980年から中国はピタリと戦争を停止したのだ。鄧小平氏の死去する1997年まで、中国が発動する戦争はなかった。周囲の諸国は安心できたのである。

「改革開放」政策とは、中国の貧困を直視し社会主義経済を転換して資本主義的な手法を採用する政策だ。米国や日本の進んだ技術を取り入れ、中国市場を外国企業に開放する「オープン」政策だった。この政策の実現には、何より国際政治の安定と平和が求められる。だから、中国は人民解放軍の侵略を停止したのだ。

鄧小平氏死去後も江沢民氏、胡錦濤氏は鄧小平氏の外交論「韜光養晦《とうこうようかい》」を守り、対外戦争の発動はなかった。「韜光養晦」とは、「才能を隠して、内に力を蓄える」という、中国の外交・安保の方針だ。つまり「改革開放路線」は、中国に例外的に戦争を停止させた貴重な時間だったともいえる。中国が平和を求めた「改革開放路線」は、今や実質的に放棄された。生産設備を持ち先進技術も得た中国には、「改革開放路線」が求めた平和的な環境は必要ではなくなった。

むしろ「韜光養晦」で蓄えた国力を、祖国統一の大業に発揮するべき時が来た、と習近平主席は判断している。外交方針も隠忍自重を重視する「韜光養晦」を投げ捨て、他国への攻撃を優先する「戦狼外交」に切り替わった。大国中国にふさわしくない、北朝鮮の遠吠えのような恫喝外交が主流になり、日本や韓国ばかりかフィリピンやベトナムなどの周辺国をも挑発し、軍事的な威嚇を露骨に見せつけるようになった。

●蘇る習近平の屈辱・1996年3月

とりわけ習主席の台湾併合（統一）への熱意は凄まじい。

2023年12月26日、新中国建国の指導者、毛沢東の生誕を祝う式典で、習近平主席は、「台湾統一は必ず実現する。どのような方法でも、台湾を中国から分裂させることを断固阻止する」と力説した。

その一か月前にサンフランシスコでバイデン大統領と会談した際には、台湾との武力統一よりも「平和的な統一を望んでいる」と表明していた。一か月もたたないうちに、「どのような方法でも」と武力統一の可能性を強調した。驚くべき様変わりである。

新年のお祝い「二〇二四年新年賀詞」でも、台湾統一を高く掲げた。しかも、「祖国統一は歴史的必然だ」とまで表明した。

歴史的必然とは大げさな表現だが、世界の共産党の生みの親、カール・マルクスはそのようなことは一つも言っていない。歴史的必然とは、マルクスの理解では労働者階級が資本家階級を倒すことが「歴史的必然」であり、中国が台湾を侵略することを「歴史的必然」などと呼んだことはない。

ただ、共産主義者が「歴史的必然」と叫ぶ時は、注意が必要だ。**「必然」を実現するために、**

共産主義者がためらいもなく武力を行使するということは古今の歴史が教えるところだ。

焦点は、2024年5月20日に行われた台湾の頼清徳・新総統の就任演説である。中国共産党は新総統に中国の軍門に降るよう圧力をかける。それは、中国共産党による「一つの中国」を、台湾の新総統に就任演説で言及し認めさせることだ。

習近平氏には苦い教訓がある。

1996年3月、台湾で初めて総統を選ぶ直接選挙が行われた。その民主的な直接選挙を阻止するため、中国人民解放軍は台湾海峡をはさんだ福建省から大規模なミサイル演習を実施したのだ。ミサイルの大量発射で選挙を阻止しようとした。当時の解放軍の熊光楷・副総参謀長が、米軍の介入を牽制して、「もし米国が台湾に介入すれば、中国は核ミサイルでロサンゼルスを破壊する。アメリカは台北よりロサンゼルスを心配したほうがよい」と言い放ったのは有名な話だ。

しかし、米軍は「ニミッツ」など2隻の空母を台湾海峡に派遣し中国軍を黙らせ、台湾初の総統直接選挙は無事行われ、李登輝総統が大勝したのだ。

中国の屈辱的な敗北だった。

日本のマスコミでは報じられていないが、当時40代の若手エリートだった習近平氏は、その姿を目の前で見ていたはずだ。当時、習氏は福建省に勤務しており、福州軍区共産党委員会第一書記も兼務していた。これは福建省で人民解放軍を統括する共産党の要職であり、台湾の総統選挙を威嚇する現場の共産党責任者だったのだ。米軍の空母による威嚇ですごすごと退く、解放軍の姿をまざまざと目に焼き付けたはずだ。

毛沢東が果たせなかった台湾併合（統一）は、鄧小平氏でも実現できなかった。それから約30年。福建省の共産党幹部だった習氏は中国の最高指導者に上り詰めた。あの時の敗北は繰り返したくないはずだ。台湾海峡に米軍空母を迎撃できる兵力を中国は営々と築き上げてきた。米国の嫌がる核兵器も中国は大量に保有できた。

ロシアのプーチン大統領も、２０２４年7月のパリ五輪をにらみ動くだろう。

●ロシア軍が台湾侵攻に参戦か・台湾で中露同時戦争の危険

新しい危機も迫っている。

２０２４年5月16日、プーチン大統領は5期目の最初の外遊先として中国を訪問した。すでに国際刑事裁判所から戦争犯罪人として指名手配されているプーチン大統領が外遊できる国は限られる。

日本のマスコミはプーチン訪中の理由をエネルギー協力や貿易拡大、中国が表向き「中立」を標榜するウクライナ戦争での協力を報道したが、米国防総省の本当の関心はそこにはなかった。マスコミ向けの報道とは別に、中国とロシアで新たな軍事協力の密約が結ばれたのではないかと懸命に情報収集を続けていたのだ。

2024年５月16日、プーチン大統領は北京を訪れ、習主席とかたい握手を交わした

最大の焦点は、台湾を巡り中露両国の新しい軍事協力が始まるかどうかだ。

「台湾は中国の不可分の一部だ」。プーチン大統領が、５月16日の中国との共同声明で一歩踏み込み、中国軍による台湾侵攻を全面的に支持する姿勢を表明した。

習主席が望むのは、「極東有事をそそのかしてきた」（米軍情報筋）プーチン大統領がこの共同声明を確実に履行することだ。つまり中国軍が軍事演習だけでなく台湾侵攻に踏み切った場合には、「台湾統一」を支持するロシア軍が中国軍を支援し、日米両国の意表を突いて参戦することだ。

世界最強の日米海軍を相手に中国軍単独では苦戦も予想される。

しかし、背後からロシア軍が日本や日本の在日米軍基地を威嚇し急襲すれば、日米両軍はロシア軍相手に戦力を割かざるを得ず、台湾侵攻の中国軍の勝機は増す。つまり台湾有事が起きれば、日本の自衛隊は中国軍だけでなく、ロシア軍の脅威にも備えなければならない。

習近平主席がプーチン大統領に台湾侵攻作戦でのロシアの協力を望めば、プーチン大統領が望むのはウクライナ戦争での中国の軍需支援だ。

両者の思惑は一致する。

中国軍がウクライナ戦争に具体的に参戦せずとも、過剰な生産力を軍需物資の増産に回しロシアに送り続ければ、ロシアは戦争継続能力を維持でき勝利の見込みが拡大する。

その見返りを習近平主席はプーチン大統領に迫っていると米情報機関はみており、それが共同声明の誓約につながったというわけだ。米国のマーク・ミリー前米軍統合参謀本部議長が、台湾戦争は第二次世界大戦以来の「大国の大戦争になる」と予測したのも、中露のこうした策動を察知しているからだ。例えば、台湾危機を前にロシアが日本海で戦術核の実験をすれば、日本は震え上がる。

米国の対応は早い。

驚くべきことにバイデン政権は、台湾防衛で中露両国との同時戦争を見越して米国太平洋軍の準備を始めたのだ。

ブルームバーグ通信によると、バイデン政権のアブリル・ヘインズ国家情報長官は5月2日の米議会証言で、「中国とロシアが台湾に関連して初めて協調しているとみている。台湾は中国が間違いなくロシアに協力してほしい分野であり、そうしない理由はないと認識している」と断言した。ロシアが台湾について中国に協力するということは、台湾有事の際にロシア軍が台湾統一に向けた中国軍に協力するということを意味する。つまり、台湾防衛の主力となる在日米軍の抑止にロシア軍は動くということだ。

また同席した国防情報局（DIA）のジェフリー・クルーゼ長官（米空軍中将）は、ロシアと中国が「協力的であることは間違いなく、それを（軍事作戦に）考慮に入れる必要がある」と答えた。

回答は控え目だが、すでに米国防総省は中国軍の台湾侵攻作戦についてロシア軍が中国軍を支援する新たなステージに入ったとみているのだ。

中露の共同軍事作戦については米国防総省で「あらゆる事態」を想定して検討しており、クルーゼ長官は「脅威の程度に応じて展開する米軍の部隊構成や計画を策定する」と議会で台湾有事の新作戦を計画中であることを明らかにした。

米議会態勢戦略委員会は「中露同時戦争」への備えを呼びかけた。本書が冒頭で紹介した「中露同時戦争」の危機がまさに東アジアの台湾情勢を巡り起きようとしている。

●米海兵隊司令官、台湾で「中露同時核戦争」を警告

アジア太平洋で中国海軍やロシア海軍と直接対峙する第一線の米海兵隊の臨戦態勢も緊迫している。

米海兵隊のエリック・スミス総司令官は5月13日、米外交問題評議会の会合で、米国が中国、ロシアと同時に戦争となる可能性があると予測した。スミス司令官は中国とロシアは「機会主義

的な侵略者だ」との見方を示し、勝てる勝機が到来したとみれば直ちに両国は一方の軍事侵略に加担すると喝破したのだ。中露両軍が米軍と対戦すれば、単独で戦うより勝機が増すとの判断に傾くとの見立てだ。

米海兵隊が特に懸念するのは、戦術核の使用という禁断の領域にまで中露側が踏み込むリスクだ。二人の独裁者が好むのは「核兵器の恫喝」だ。

通常戦力では日米両軍にかなわない中露両軍が勝機を見出せるのは、「核兵器使用」の威嚇を高める時だ。これはプーチン大統領が西側諸国のウクライナ支援を牽制するために切った「核恫喝」戦略であり、西側諸国はこれにひるみウクライナへの派兵は見送り、軍事支援も制限することとなりロシア軍に有利に働いた。つまりロシアが核の圧力を日本に加えるだけで、中国軍の台湾侵攻作戦には大きなプラスになる。

ウクライナ戦争で通常兵力では余力の少ないロシアも、核兵器の恫喝はお手のものだ。台湾有事に支援に動く日本に対し、ロシアが核恫喝を加えるだけで日本の国内世論は動揺するだろう。

習近平主席はこのプーチンの核恫喝戦略の効果を学んでおり、「中国の核戦力は増強し続けており、米国の同盟国に対し核の威嚇を行う上で中国に優位性を与えている」と中国軍研究の第一人者であるトシ・ヨシハラ米戦略予算評価センター（ＣＳＢＡ）上級研究員も警告する。

実際、中国のメディアは、台湾侵攻の際に日本に核攻撃するシナリオを報道しており、中国のメディアは共産党の宣伝機関である以上、中国共産党政権の肚の底を見せているのかもしれない。

中国やロシアのような専制国家は決定を下す前に独裁者の周囲に反対意見が存在しない。「西側諸国にとって論理的とは見えない決定に、専制国家が走ることを過小評価してはならない」とバーンズ米CIA長官は警告する。マーク・ミリー前米軍統合参謀本部議長も、「台湾への侵略戦争は習氏にとって大きなリスクだが、中国や習氏にとって価値があると判断すれば、彼は行動するだろう」と予測しているのだ。まさに新「悪の枢軸国」の大陰謀が始まろうとしている。

●米国の民主主義破壊を画策する習近平

そして習近平主席が密かに狙うのは2024年11月の米大統領選挙後の混乱だ。

2024年4月、北京に乗りこんだブリンケン国務長官は、北京で習近平主席と会談した際に、米大統領選挙を取り上げ**「中国は米国の大統領選挙に干渉するべきではない」**と明言し要求した。すでにバイデン政権は中国共産党が米国内で画策するデモや騒乱の動きを摑んでいるという。

その前兆は出ている。実際、4月に全米の大学などで吹き荒れた反イスラエル抗議デモ。この背景には、中国の活動家の画策があったと米ニューヨークタイムズ紙は報道した。中国の工作員が暗躍し学生の反イスラエルの抗議デモの拡大に加勢しているというのだ。

11月の大統領選がもたらす混乱は反イスラエルの抗議デモ以上の規模となり、米国社会の騒乱と分断を深刻化させる危険がある。

大統領選が投票で勝敗が決着できず、バイデンもトランプも「敗北宣言」を留保した場合、民主党や共和党の支持者が抗議デモで衝突し社会が騒然となる危険が高まる。

「中治西乱」（中国は治まり西側は反乱に喘ぐ）

「東昇西降」（中国は繁栄し西側は衰退する）

習近平主席が近年、共産党の内部講和で掲げる勇ましいスローガンだ。

このスローガンからはっきりと西側、とりわけ米国が反乱に苦しみ衰退する姿を望んでいることが見てとれる。米国が大統領選挙の結果で暴動が起き治安が乱れれば、米国が掲げる民主主義は国内の分断で破綻しており、共産党独裁の中国の政治体制が優れているというメッセージまでグローバルサウス諸国に向かって発信できる。大統領選挙で米国が分断され乱れることは、共産党独裁体制を支える最大の支援材料にもなる。

米議会は、習近平政権は不法移民と米国社会が苦しむ「フェンタニル」という麻薬鎮痛剤の米国への迂回輸出に懸命とみている。

中国からは米国とメキシコ国境沿いに大量の不法移民が殺到しており、「政治的な亡命」を隠れ蓑に中国特務機関の工作員が偽装して米国本土に流入しているとの懸念が米国ＦＢＩなど治安機関の間で高まっている。

「内戦の危機」（米誌）を予測する声まである。米国が「南北戦争」のような内戦で混乱する時こそ、中国軍が兵を動かす最大のチャンスとなる。米国内の治安は乱れ、「南北戦争」のように米軍の軍権は分裂しかねない。中国共産党は米国内の中国人に国防動員法を発令し大規模デモを仕掛けさせ、米国の政府機関に潜伏した大量のスパイも暗躍するだろう。

大規模デモや抗議が米全土に吹き荒れれば、米連邦政府の統治機能が揺らぎ米軍の海外派兵どころではなくなるかもしれない。国内事情で米軍の動きが取れにくくなる時こそがチャンスとなる。

混乱と分断で米社会が揺らぐ時こそ、中国軍が戦争を始める最大のチャンスだ。

「中国軍がアジアに覇を唱える天の時が巡って来る」（台湾国防省幹部）。

習主席が米国社会の混乱に乗じて「兵を動かす」天の時が巡ってくる。

7章

対ロシア戦に走り出す欧州

1節　マクロン大統領の「戦争経済」宣言

●一触即発、ウクライナの次の戦争

欧州はウクライナの次の戦争に向かって動き出している。

こう書くと読者の方は驚かれるだろう。または大袈裟だと思われるかもしれない。だが、ウクライナ戦争で戦火は止まるのだろうか。

これは世界が2024年以降に心配することのひとつだろう。現に欧州の人々は、ウクライナ戦争の終了に奔走するどころか、すでに次の戦争に身構えているのだ。それに備えた動きがヒートアップしている。

2024年1月、欧州にロシアを刺激する新たな戦争の火種があがった。冷戦終結後で最大規模となる軍事演習が、2024年1月24日からバルト三国などで始まった。NATO加盟国31か国が参加し、動員した兵力は総兵員数9万人という大規模な軍事演習である。

日本ではほとんど伝えられていないが、NATO発足以来の大規模な軍事演習だった。しかも、この大演習の目的は、ロシア軍の侵攻阻止。ロシア軍がウクライナ戦争の次にバルト三国などN

ATO加盟国を侵略するという想定なのだ。演習の名称は「ステッドファスト・ディフェンダー（不動の守護者）」。戦車や戦闘車両など1500台、戦闘機や軍艦を動員しNATO軍の実戦さながらの戦闘力を対峙するロシア軍に見せつけた。

ウクライナ戦争が終わらないうちに、欧州は次の戦争に備え始めたともいえる。日本人が台湾危機や朝鮮半島の危機を心配するのと同じく、欧州にウクライナ戦争に続いて新たな大規模な戦争が起きると予測している。

これがグローバル経済後の新しい姿なのだ。

ロシアの反応も早かった。プーチン大統領は1月26日には、バルト三国と対峙するロシア領の飛び地であり、ロシア海軍バルチック艦隊の本拠があるカリーニングラード州を電撃訪問。ロシア大統領選挙活動の一環というのが理由だが、この緊張高まる地域でそのような言辞を信じる人は少ない。カリーニングラード州は旧ドイツ帝国の領地であり、ロシアとドイツは歴史的に何度も争奪戦を繰り返してきたからだ。

同州はポーランドとリトアニアに挟まれており、前面で展開するNATO軍の大演習に対し、プーチン大統領は地元の州知事や軍部を激励した。カリーニングラード州には欧州が懸念するロシア軍の短距離ミサイル「イスカンデル」が配備されており、ロシア軍はいつでもNATO軍に対しミサイルを撃ち込める態勢になっている。まさにNATO軍の正規部隊とロシア軍が正面から衝突する、一触即発の危機が迫っているのだ。

日本の首相のようにEEZ内に弾道ミサイルを撃ち込まれても、尖閣諸島の領海に中国海警局の船が侵入を繰り返しても遺憾を繰り返すばかりで、「見て見ぬふり」をするのとわけが違う。プーチンは身に寸鉄も帯びず、NATO軍の大演習の前に立ちはだかったのだ。

カリーニングラードは第二次世界大戦後にソ連に編入後、ロシア人によって付けられた都市名だ。ドイツ領土であった時代は、東プロイセンの首都ケーニヒスベルクである。

名著『永遠平和のために』を説いた啓蒙主義のドイツの大哲学者、イマヌエル・カントが眠る街でもある。そのカントが終生を過ごし、「永遠平和」を目指した都市が新たな戦場になろうとしている。これは大袈裟な予測ではなく、すでに欧州政府と軍隊の動きをみればわかる。

あるドイツの議会関係者は言う。

「カリーニングラードという都市はない。あるのはプロイセンの首都ケーニヒスベルクだ。欧州の誇りである哲人カントの終生の聖地がロシア軍に踏みにじられているのは屈辱だ」。こうした本音が、冷戦後に封じ込まれたドイツ人の間から聞こえてくる。

カントは名著『永遠平和のために』の中で、**「平和とは一切の敵意が消滅することである」**と喝破した。しかし、カリーニングラードの周辺は敵意に満ち満ちている。

第二次世界大戦最大の消耗戦といわれた「独ソ戦争」から約80年、再びドイツ民族とロシア民族の激突、「独露」戦争が始まるのだろうか。

●仏マクロン大統領、戦争経済を宣言

フランスは欧州のハイテク軍事大国である。

2年以上に及ぶウクライナ戦争で欧州諸国の援助疲れなどの報道も相次ぐが、エマニュエル・マクロン大統領が行った演説は新しい気迫に満ちていた。前述のNATOの大演習が始まった2024年1月、フランス軍兵士に向かって、「ロシアにウクライナで勝てると思わせる訳にはいかない。**ロシアの勝利はヨーロッパの安全保障の終焉となる**」と檄を飛ばしたのだ。

ウクライナ軍の守勢も伝わる中で、マクロン大統領の不退転の決意表明は西側諸国に大きな感銘を呼んだ。ロシアの勝利を拒否するため、ウクライナ援助の継続を支持したのだ。欧州連合（EU）の盟主であり、欧州の軍事大国としてフランスの決断を示した格好だ。

グローバル経済が終わり、世界は戦争経済のサイクルに入った――。

本書で断言する背景には、欧州首脳のこうした堅い決意が背景にある。これまで日米両国において戦争経済の車輪が回ってきたという話をしてきた。読者の方には「戦争経済」という言葉が穏やかではない、あるいは誇張しすぎると思われる方もいたかもしれない。しかし、この時代認識を語ったのは、本書が初めてではない。

ロシアの侵略によるウクライナ戦争をみたフランスのマクロン大統領は、ずばり戦争経済の開

始を訴えているのだ。
2022年6月にロイター通信は次のように伝えている。
「フランスのパリ近郊ビルパントで2022年6月13日、国際防衛・安全保障展示会『ユーロサトリ2022パリ』が開幕した。マクロン大統領は演説でフランスが『戦争経済に入った』と述べ、欧州の大国に過去の過ちから学び、防衛産業振興に力を入れるよう呼びかけた。『地政学の決定的な影響を踏まえ、われわれはさらに大きく、迅速かつ強力に前進する必要がある』と強調した。（中略）
展示会には約60カ国から戦車や装甲車、暴徒鎮圧用の装備に加えて銃や弾薬が出展されている。世界第2位の武器輸出国であるロシアのメーカーが直前に参加を取りやめた一方で、バルト海沿岸や東欧の複数の国はブースが2～3倍に増えた。
ウクライナのブースの横では、ロシア軍に抵抗するウクライナ軍の主要な防衛装備、米ロッキード・マーティン社製の対戦車ミサイル『ジャベリン』が展示されている」（ロイター通信、2022年6月14日）
国防の展示会で飛び出した発言だけに、業界向けのプレゼンテーションとする見方もあるだろう。ここで注目すべきは、マクロン大統領が今回の宣言は、「過去の過ち」から学んだと言及した点だ。

過去の過ちとは、ナチス・ドイツへの対応が甘く戦時体制への移行が遅れたことだ。軍備の整わなかったフランスは、1942年にナチス・ドイツに敗北し国土全土が占領される悲惨な状況を招いた。

今回のロシアのウクライナ侵略は、まさにナチス・ドイツの侵略と同じ危機を招きかねないという認識が示された格好になる。しかも、マクロン大統領は戦争経済への突入を宣言した後、「この状態が今後も長く続く」との見方を示している。

実際、マクロン大統領はフランスの国防産業に大増産を依頼した。戦時体制に移行したと判断した仏産業界は、兵器の大幅増産に踏み切っている。ルコルニュ国防相によれば、増産した兵器は「自走砲、戦闘機、対空ミサイル」と広範囲に及んだ。短期間にこれだけの大幅増産は、フランスでは第二次世界大戦後初めてといわれる。ここまでの**軍需生産の呼びかけは、フランスを救った英雄として有名なドゴール大統領以来**だとの指摘まである。

ウクライナ戦争で兵器の枯渇に苦しむのは、欧州も米国同様だ。欧州の防衛を担うNATO軍の米軍首脳からは、「軍事物資がウクライナに提供されたため兵器備蓄は危険なほど少なくなっている」と警告される始末。

欧州はこれまで中露の平和攻勢に甘んじ、国防努力を怠り、歴代米政権から各国の国防費増額を強要された経緯がある。この結果は、はからずもウクライナ戦争で露呈した。

●フランスは兵器輸出が過去最高に、国防費の規模は戦時体制入り

すでにマクロン大統領の「戦争経済」の叫びを待つまでもなく、フランス経済は戦争経済の車輪を大回転させている。このことを知らない日本人は多い。

ウクライナ戦争を目の当たりにした中東やアフリカ諸国まで軍備増強に走っており、世界的な兵器大国フランスは兵器の売り上げを急増させている。フランスにとって新しい魅力的な市場が次々に生まれてくる。皮肉な言い方になるが、これはウクライナ戦争のお蔭である。

こうした中、フランスは2024年1月にインドに飛び込んだ。インドは、ウクライナ戦争を契機にロシア離れを進める世界最大級の兵器市場。この巨大なインド市場に米国のオースティン国防長官が早速切り込み、巨額の軍事商談を成功させている（2章参照）。フランスも負けてはいない。目ざといフランスはインドのモディ首相と直談判し、ヘリコプターや潜水艦の売り込みに成功し、インドで共同生産する大型契約にこぎつけた。

迫る核戦争の危機も、フランスにとっては大きな市場の開拓となる。

中東の湾岸諸国はイランの核武装の脅威に揺れている。イランが国際社会の批判に耳を貸さず、濃縮ウランの濃度を兵器級に近い60％にまで上げているからだ。

そこに目をつけ売り込んだのはフランスの航空機メーカー、ダッソー・アビアシオン社製のラファール戦闘機だ。アラブ首長国連邦（UAE）からは80機という大量発注を受け、総額160億ユーロというビッグプロジェクトになった。このラファールM型機は、核巡航ミサイルを搭載できるのが最大の売り物だ。核巡航ミサイルは「ASMP－A」と呼ばれる空中発射の核弾頭搭載ミサイルで、射程は500～600キロ。フランス軍が独自に開発しており、さらなる核弾頭の小型化に向けて軍事イノベーション庁が極秘研究を進めているという。イランが戦術核ミサイルで対岸の湾岸諸国を威嚇したとしても、ラファールM型機があれば核巡航ミサイルで対抗できるというわけだ。

米国防総省もラファール戦闘機の動向には注目する。NATO軍の標準規格に合致しているのはもちろん、フランスの空母「シャルル・ドゴール」だけでなく、米国の原子力空母にも搭載・発艦できるという利便性も兼ね備えているためだ。

ラファール戦闘機は小型で軽量であるにもかかわらず、全方面の戦闘をこなせる多機能性がセールスポイントになっている。つまり制空戦だけでなく、対地攻撃や対艦攻撃までこなせる。さらに空母に艦載できるという万能型の戦闘機だ。このため、インドネシアなどアジア諸国などからも相次ぎ注文を受けている。

こうした輸出努力で、フランスの兵器輸出額は2022年には270億ユーロ以上にのぼった。これまで過去最高だった2015年の169億ユーロを大幅に上回っており、第二次世界大戦後、最高の輸出高となった。2023年には300億ユーロ（約4兆5000億円）を突破したとみられており、フランス経済を活性化させ雇用を増加させる効果が期待できそうだ。

高い失業率に苦しむマクロン政権にとって、「干天の慈雨」となるだろう。マクロン大統領が「戦争経済」の旗を振るのは、今後のマクロ経済への効果も確実に見込めるからだ。

戦争経済のダイナミズムがフランスを駆り立てている。国防費も「戦時体制」のような大幅予算増加にまで踏み込み始めた。

2024年1月20日、マクロン大統領は「2024-30年の国防予算を総額4130億ユーロに増額する」と表明した。これは2019-25年の国防費2950億ユーロの約3割増に当たる。フランス第五共和制が始まって以来の大軍拡だ。野党からは「フランスを戦争に巻き込むな」との批判も出るが、フランスが「今世紀最大の危機」に直面していると訴え、国防費増強による「大軍拡路線」支持を国民に求めたのである。

●フランスは眼前の巨大軍需市場に夢中

フランスの産業界では、あまりの軍需の拡大振りに次のような言葉もささやかれている。

「**減速する中国市場より、眼前の軍需市場が巨大になるかもしれない**」

もちろんフランスは、ドイツとともに中国への輸出大国であり、大手航空会社エアバスにとって中国は最大の輸出先で稼ぎ頭だ。しかし、航空ビジネスで言えば航空機の生産から引き渡し、代金の支払いまでリードタイムが長すぎるのが最大の欠点といわれている。中国のように、その時々の政治情勢次第で支払いが外交取引のカードになりかねないリスクもはらんできた。

習近平主席は2024年5月にフランスを訪問し、経済の大型契約を結び欧米陣営の結束にくさびを打ち込むのに懸命だ。ただ、その巨額ビジネスは「空の小切手」の恐怖と背中合わせだ。むしろ代金支払い完了まで、北京にご機嫌を取り続ける姿勢を余儀なくされるのだ。米国のボーイング社もこの取引に苦しんでおり、ワシントンの政治力に頼る局面が続く（拙著『空を制するオバマの国家戦略』参照）。

だが、今後中国の人口が急減し、外貨支払い能力の低下が予想される中では、その将来の市場性を疑問視する声も出てきた。

出生率の低下と富裕層の海外逃亡で、市場が縮小する中国。

中国やロシアの侵略で歴史的な規模で世界に広がる兵器市場。

今や世界は、この二つの市場を天秤に掛けている。

つまり、**皮肉なことに、中国やロシアが横暴になるほど、世界の兵器市場は予想以上に拡大し広大になっていく**可能性がある。ストックホルム国際平和研究所によると、2023年の世界の軍事費は前年比6・8％増の2兆4430億ドル（約378兆円・1ドル＝155円で換算）と過去最高となり、2024年は二桁台の伸びを予測する声まである。

中国の習近平主席の言葉は意味深長である。

習主席は２０２２年2月2日、北京を訪問したプーチン大統領に「中国とロシアの友好には限界がありません」と語りかけた。強固な中露の友好関係を世界に向かって宣言した。皮肉なことに、そのことが世界の軍需市場を歴史的な規模にまで高めているのだ。これを受け、パリ政治学院卒業のフランス外交官は皮肉まじりに「**フランスの防衛産業と世界の兵器市場の未来には限りがありません。それはプーチン大統領と習近平主席に保証していただけるのではないでしょうか**」とささやく。

この流れは、世界経済の転換点になるかもしれない。

もちろん欧州の政治家らしく老獪なマクロン大統領は、習近平主席を怒らせることはしない。大型契約を中国からむしり取り、エアバス機の巨額代金の支払いが済むまで中国市場重視の姿勢を見せ、習近平のご機嫌を取ることを忘れない。しかし、その一方で習近平の中国に怯える国々に「千載一遇のチャンス到来」とばかり、高価なフランス製兵器のセールスを猛烈にかけているのだ。その高価な兵器の売り上げが民間航空機エアバス機の売り上げを上回るかもしれない。

フランスはこれまで中国にも台湾にも兵器を大量に売却してきた〝戦争マシーン国家〟だ。最近は欧州から遠い広大な太平洋海域にも目を向ける。

フランスは１１００平方キロに及ぶ世界2位の排他的経済水域（ＥＥＺ）の広さを誇る。太平洋にフランスが統治するフランス領ポリネシア、ニューカレドニアの島々があるからだ。またこの海域には西側の友好国オーストラリアがある。こうした国々が中国の海洋侵略に危機感を深めるほど、フランス製兵器に熱い視線を送る。

しかもニューカレドニアにはフランス軍が常駐するほか、インテルサット（商業衛星通信システム）などを傍受する世界的通信監視網のアジア太平洋地域の拠点にもなっている。そして台湾にも戦闘機を売りつける。

戦争経済のダイナミズムが躍動するフランスが、ロシアと中国の脅威増大で成長する世界の兵器市場を見逃すわけがない。

戦争経済が深く回り始めている。

●「欧州軍」創立の序章か・戦車の独仏共同開発

マクロン大統領が叫ぶ「戦争経済」。その先には米国も恐れる欧州の軍事的な野望も動き出している。マクロン政権が兵器の大増産と新兵器の開発を国策として進める動きに、フランスのさらなる野望が隠されているとみる軍事専門家は多い。それは、欧州防衛を担う自前の「欧州軍」の創立構想である。

欧州が経済面で独自の通貨「ユーロ」を誕生させたように、安全保障面で米軍に依存しない欧州独自の大軍団「欧州軍」を誕生させようという構想だ。欧州の防衛は、これまで米軍が参加したNATO（北大西洋条約機構）軍が担っているが、派兵兵力10万人を超える米軍の後ろ盾が大きな役割を果たしている。

欧州が米軍に頼らない独自の軍隊「欧州軍」を創立するのは、大統領就任以来のマクロン氏の悲願だ。当然、欧州軍の創立には最強の兵器が必要であり、今回のウクライナ戦争による「戦争経済」突入宣言は、自国の国防産業を強化し「欧州軍」設立に向けた一環というわけだ。

仏軍事省の軍事装備総局に、欧州防衛全体をにらんだ軍事リソースの配分調整を指示したのもその布石ともいえる。実際、欧州内部では、これまで米軍中心のNATO防衛体制に不満も鬱積していた。欧州防衛が米国によって左右される点や、2024年11月に行われる米大統領選など予測不能の米国の政治リスクも懸念材料になっている。

「欧州は米国の軍事力に頼り過ぎるのはダメだ」。欧州連合（EU）のシャルル・ミシェル常任理事長（大統領）もこう主張する。欧州内部でも欧州軍創立を支持する声が高まっており、マクロンの勇み足と切り捨てることはできない。

ただ米国の歴代政権は、自国の影響力が及ばない欧州の防衛構想に消極的だ。ウクライナ戦争でバイデン政権は欧州防衛に肩入れする姿勢を示してきたが、状況は予断を許さない。

そうした中で、欧州は独自の「戦争経済」の車輪を回して始めている。

米軍関係者の注目を集めるニュースが出た。

ドイツのピストリウス国防相と、フランスのルコルニュ国防相は2023年7月10日、ベルリンで会談し、欧州戦車の共同開発プロジェクトを前進させる方針を打ち出したのだ。
戦車といえばドイツのレオパルト戦車が有名だが、ドイツの戦車技術とフランスの電子技術を合体させた世界最強の欧州ブランドの戦車を共同開発し、世界に売り込む計画が密かに進んでいたのだ。この共同戦車の開発に成功すればそれは欧州軍の基盤戦力となり、その足元は固まってくる。

ウクライナに供給が遅れたドイツの戦車「レオパルト2」

共同開発構想はフランスの主力戦車「レクレール」と、ドイツの戦車「レオパルト」の後継戦車を共同開発する、「MAIN GROUND COMBAT SYSTEM（MGCS）」と呼ばれる構想だ。
両国が得意の技術分野を合体させて製造したほうが、巨大なコストを節減できるとともに、より強力な戦車が製造できるという目論見だ。ただ、ドイツ議会では野党を中心に「欧州標準戦車はレオパルト2で十分」との声が強く、やや計画の推進が遅れていた。
しかし、ウクライナ戦争を契機にロシアの脅威に直面する東欧諸国から、独仏両国の兵器供給の大幅な遅れに「頼りにならない」との疑問の声が高まった。さらに後述するが、欧州の兵器市場で韓国勢が席捲するという想定外の事態に見舞われた。しかも「レオパルト2」の模造といわれる韓国製戦車「K2」が、ドイツの金城湯池であるポーランドなど東欧市場に殴り込みをかけたことにドイツ国防業界に大きな衝撃が走った。

こうした事情も重なり独仏両国は、「レオパルト2」よりも戦闘力を向上させた次期主力戦車の共同開発構想を進めることを決断、2035年には次期主力戦車の量産を開始し、欧州軍に引き渡す計画となった。しかもこのMGCSプログラムに含まれるのは、戦車など地上兵力だけではない。戦闘機からミサイル、サイバー兵器など現代戦争の最先端兵器まで含まれている。

まさに戦争経済の中核となる欧州軍の創設。その兵站戦の準備が独仏両国の手によって進められている。

2節　バルト戦争勃発か・ドイツ連邦軍強化

●第三次世界大戦に備える・ドイツ国防相の予言

戦争経済の足音は、欧州の平和の盟主だったドイツも激しく揺さぶっている。アンゲラ・メルケル首相時代に、欧州の盟主ドイツは中国とロシアへの極端な依存を深めたが、ドイツも様変わりした。その象徴が国防相の辞任劇だ。

ウクライナの武器支援の要望にヘルメットを送り顰蹙《ひんしゅく》を買った、クリスティーネ・ランブレヒト国防相。「ドイツの安全保障上の問題で客観的な議論ができなくなった」とドイツ世論の変化に注文をつけたが、軍事知識の乏しさなどを指摘され2023年1月、不適切発言を理由に辞任した。

代わりに登場したのが、ボリス・ピストリウス国防相だ。この社会民主党（SPD）出身の国防相が、泰平の夢に眠りたいドイツ国民を揺り起こそうとしている。

「2025年にもロシア軍が欧州に侵攻し、ドイツ連邦軍は新たな軍事的脅威に備え軍備を増強する」。ピストリウス国防相率いるドイツ国防省の新しい動きを、大衆紙ビルトは2024年1

月、こう報じ国民に衝撃を与えた。ＮＡＴＯの大演習が新年早々から始まっていただけになおさらだ。

報道によれば、ドイツ連邦軍がロシア軍と正面衝突するリスクがこれまでになく高まっているという。

ドイツ軍の想定では、ウクライナ戦争でロシア軍は戦線拡大し、エストニアやリトアニアなどバルト三国にサイバー戦争を仕掛け、社会的な混乱を発生させる。同国にいる少数のロシア系住民が迫害されたとの偽情報をロシア側が流し、バルト三国に軍事介入する。ＮＡＴＯ軍はバルト三国政府の要請を受け、バルト海沿岸地域で両軍が全面衝突するというシナリオだ。

特に最大級の警戒を払うのは11月の米大統領選の権力移行期だ。大統領選の混乱に伴う米国権力の隙を突き、ロシア最西端の飛び地カリーニングラードで兵士を増員、核ミサイルの発射準備で欧州を威嚇するとみている。

凄まじい戦争シナリオだ。

米国メディアでは「ドイツは第三次世界大戦に備え始めた」などの報道も相次いだ。カリーニングラードで核ミサイルの脅威が表面化すれば、ＮＡＴＯ軍も核で対抗せざるを得ず、それは欧州を戦端に第三次世界大戦への道を開くことになりかねない。

このスクープをドイツ国民は深刻に受け止めた。

というのも、プーチン大統領は2021年12月、欧米諸国に対し示したロシアとNATO加盟国との安全保障措置に関する提案の中で、東方に拡大するNATO加盟について「1997年の状態」に後退するよう求めていたからだ。「1997年の状態」とは、ポーランドやリトアニアなどバルト三国などがNATOに加盟してない状態だ。つまり、ロシアはウクライナ戦争に勝利すれば、「1997年の状態」に戻すべく、バルト三国に対しても軍事の牙を向ける可能性が高いということになる。

交代したピストリウス新国防相は就任早々、ドイツに迫る厳しい安全保障環境を直視するよう国民に呼びかけた。

これまで米国は欧州を民主主義陣営最高の砦として、欧州防衛に最優先で参加するとの前提があった。欧州の軍事エリートたちもこの前提を疑うことは少なかった。

しかし時代は変わった。

米戦略報告書が示したように、米国はロシアだけでなく、中国の脅威に同時に対応しなければならない時代となった。中露両国による軍事的な危機が発生すれば、頼りの米軍の欧州支援は先細る危険も高まる。まさに「中露同時戦争」に備え、欧州も大軍拡に転換しなければ国家として生存のリスクが危ぶまれる——。NATO軍首脳陣の見方も深刻だ。

2024年以降に起きうる恐怖の真相は、欧州で発生するNATO対ロシア軍の正面戦争かも知れない。

また、ピストリウス国防相はインタビューでメルケル時代には禁句だった軍備増強に触れ、欧州大陸の軍事増産を呼びかけた。しかもその時期は短期間で収束せず、軍拡期間は最低でも5～8年と長期間に及び、経済の軍事シフトを予告している。まさに戦時型経済「戦争経済への移行」宣言となっているのだ。

●爆発するNATO軍の巨大な軍需

そして世界はウクライナ戦争に続く、新たな戦争需要の発生をみるかもしれない。

ウクライナ戦争は世界の軍需に火をつけた。戦争経済は高速度に回っており、グローバル経済で豊かになった新興国も我先に優秀な兵器を買いあさる時代になってきた。フランスの外交官が喝破したように、「中国市場より戦争特需」を軸に世界経済が動くという見立ては当たる可能性が高い。その理由は簡単だ。中国市場は縮小し世界の兵器市場は拡大するからだ。

中国市場が縮小する理由は、はっきりしている。

①急速に進む人口減少

②外資の大量撤退

③富裕層の外国亡命

④国有企業による計画経済への回帰
⑤金融や経済エリートの駆逐
⑥第二次文化大革命の発動懸念

一方、世界の兵器市場が拡大する理由は、次のようになる。
①中国とロシアの軍事侵略と軍事紛争の多発
②周辺国に発生する爆発的な軍需
③グローバルサウスという強力な兵器購買諸国の台頭
④先進諸国を含め、ＡＩ革命による全産業の軍事化要請
⑤「平和の配当」で顕著になっていた軍備の遅れ

そして何より注目すべきは、世界最大の兵器市場である**ＮＡＴＯが動く**ことだ。ＮＡＴＯの加盟国は32か国、兵力は総数３３１万人。世界最大の軍事同盟だ。２０２４年3月に北欧の軍事大国、スウェーデンがＮＡＴＯに加盟し32か国になった。

ただ、この防衛費は「平和の配当」に甘んじ、あまり増やしてこなかった。ＧＤＰ比２％以上の国防費を米国やＮＡＴＯ事務局からも加盟国は求められたが、盟主のドイツでさえメルケル首相（当時）の采配の元、国防費は１％前後に抑えてきた。まさに怠慢そのものだった。

それでも、NATO全体の国防費は総額1兆510億ドル（2022年外務省調べ）と桁外れに大きい。円換算（1ドル155円と想定）で162兆9050億円と、NATO加盟国だけで日本の国家予算（一般会計）の1・5倍以上にのぼる軍需を生み出している。

この国防費が仮に毎年2％ずつ増額されれば、2023年には1兆720億ドルだったものが、5年後の2028年には1兆1834億ドル（183兆円4270億円）という巨大な軍事支出を目の当たりにすることになる。

毎年200兆円近い国防軍需の創出。

軍需の伸びはマクロ経済学の分析が苦手とするところだ。なぜなら、物価上昇率や人口出生数でかけ合わせれば予測できるという数字ではなく、政治的な要因に大きく左右されるからだ。

例えば、軍事的な緊張が続けば、国防費の支出が前年比2％増という「甘い伸び」（欧州軍事専門家）では終わらないだろう。高まる軍事的な緊張が国防費を梃入れさせる。世論に押され予想外の防衛費増大サイクルを招くだろう。

それこそ**独裁中国が20年間繰り返したように、欧州も国防費の伸び率を毎年二桁成長に伸ばすことが求められる**かもしれない。

NATO諸国が中国や、ロシアの軍拡に対抗する決意を固めた以上、長期にわたる国防費急増シナリオの確度も上がっていくのだ。しかも国防費は公共事業費と異なり、真水の投資マネーとなる。掛け値なしの乗数効果がマクロ経済を押し上げることになるだろう。

いったいどれだけの国防需要が世界市場にあふれ出すのだろうか。

●ドイツ連邦軍がリトアニアに進駐開始

ウクライナ戦争の次に来るのは、バルト戦争の勃発ではないか――。それは、ドイツ軍とロシア軍が再び干戈《かんか》を交えることを意味する。欧州ではこうした見方をする人が増えている。

2024年1月から始まったNATO軍の大演習に続き、ドイツが新たな手に打って出た。それは2025年にも、ドイツ連邦軍が5000人の大部隊をロシアの脅威に直面するリトアニアに進駐させるというのだ。2023年12月18日、ドイツ政府とリトアニア政府はドイツ連邦軍部隊をリトアニアに常駐させる合意書に調印した。

ドイツ軍がこれだけの規模の兵員を海外に派兵するのは、第二次世界大戦後初めてだ。しかも派兵だけでなく、ドイツ兵をリトアニアに駐屯させる計画だ。リトアニアにはすでに米国やカナダ、英国などの約1000人のNATO多国籍部隊も駐留しているが、新規駐留するドイツ軍に統合される予定だ。

リトアニアは人口約280万人の小国だが、場所はロシアの飛び地であるカリーニングラードに隣接し、ロシアの同盟国ベラルーシとも国境を接するNATO最東端の軍事的な要衝だ。

バルト三国は軍事的な要衝としてこれまで大国の領土の係争地となってきた。冒頭に紹介したカリーニングラードはバルト三国の一つであるリトアニアと対峙するロシアの飛び地だ。第二次世界大戦当時、ナチス・ドイツ軍とソ連軍の激しい戦場の舞台になった。

ピストリウス国防相は調印式の会見で、「ドイツがドイツ以外のNATO加盟国に連邦軍を進駐させたことは、これまで一度もなかった」と語る。そして「我々は、ロシアに対しNATO加盟国の領土を一センチも渡さない」とロシア軍の動きを強い口調で牽制した。まさに架空のシナリオではなく、現実としてドイツはロシアとの戦争に備え、第二次世界大戦後初めて大兵を外国に動かした。

ロシアの退役軍人の一人は、このドイツ軍の行動について「ナチス・ヒトラーのズデーテン地方進駐を思い出させる」と敵意を燃やす。こうした大国を牽制する軍事行動は新たな軍事危機を呼ぶ。

それはリアリスト派の著名な国際政治学者ジョン・ミアシャイマー教授が著書『The Great Delusion』(大いなる幻影/未邦訳)で指摘するように、「覇権国は常に国境周辺の動きに敏感だ」からだ。

「米国に隣接するカナダやメキシコと中国が軍事同盟を結べば、ワシントンは激怒するだろう」と同教授はいう。

米国と同じ覇権国ロシアも激怒する。

ロシア外務省のザハロワ情報局長は、ドイツ軍の動きに対し「NATOの現行計画を逸脱している」「ドイツは新たに軍事的緊張のエスカレートを招いた」と激しく非難する。

ウクライナのウォロディミル・ゼレンスキー大統領も素早く動いた。

2024年1月10日。今度はゼレンスキー大統領がバルト三国を電撃訪問。リトアニアを筆頭にバルト三国首脳に次々に会い、ロシア戦争への準備を呼びかけたのだ。

ゼレンスキー大統領は、「ウクライナの次はラトビア、リトアニア、エストニアをプーチンが狙っている」。そして、「プーチンの脅しに屈してはならない」と叫ぶ。

新しい戦争の危機と、その準備を強く促している。

バルト三国で戦火が起きれば、それはドイツ連邦軍とロシア軍の戦争になる。独ソ戦以来の両国の衝突となるだろう。第三次世界大戦の導火線となる危険がある。

●プーチンと五輪の法則

さらに危機感が高まるのは、2024年7月のパリ五輪の開催だ。

「平和の祭典」である五輪開催がなぜ戦争の危機感を高めるのか、疑問に思う読者も多いだろう。

「プーチンと五輪の法則」は、IOC（国際オリンピック委員会）首脳陣が密かにささやく言葉だ。

実はプーチン大統領は「平和の祭典」である五輪を、常にロシアの戦争に利用してきた。五輪開催前後は「オリンピック休戦」として軍事行動を停止するよう国連総会は決議する。しかし、意外と知られていないが、ロシアは「オリンピック」を隠れ蓑にして外国への軍事侵攻を繰り返してきたのだ。五輪の休戦期間中は関係国の警戒が緩み、戦勝の機会が増すためといわれている。

2008年8月のジョージア侵攻は、北京夏季五輪開催時に始まった。

2014年3月のクリミア侵攻は、ソチ冬季パラリンピック閉幕直後に始まった。

そして2022年2月24日、ウクライナ戦争は、北京冬季パラリンピックの開幕直前に踏み切った。

つまり、プーチン大統領にとって平和の祭典である五輪の開催が戦争経済を回す発火剤になってきた。

今回のパリ五輪についても、「民族差別だ」とプーチン大統領は敵視する。パリ五輪ではロシア人選手の「中立的な参加」は認められるものの、ウクライナ戦争に抗議してIOCはロシア人選手にロシア国旗の掲揚も国歌斉唱も認めない。セレモニーではロシアのコスチュームは禁止され、白色のユニフォームで行進させられる。こうしたIOCの決定にプーチン大統領は我慢がならないのだ。

フランスのマクロン大統領は4月4日、**五輪開催ではロシアがパリ五輪を妨害することは「疑**

いがない」と発言し、ロシアの激しい反発を呼んだ。

ロシアは、五輪とは別に国際競技大会「ワールド・フレンドシップ・ゲームズ」を2024年中にモスクワで開催することを計画中だ。

五輪開催前後にロシアは再びウクライナへの大規模侵攻作戦を実行し、欧州に広がるパリ五輪の平和ブームを吹き飛ばす。こうした懸念も欧州の国々に広まっている。

「中露同時核戦争」の時代。軍事的な緊張と分断が進む。「平和の祭典」のパリ五輪開催自体が、ウクライナへの大規模作戦や大規模テロ戦争を呼び起こす危険も高まっている。

そしてその**危機シナリオが、世界に新たな巨大な軍事需要を生み出す。世界の首脳が第三次世界大戦の危機を抱き急遽軍拡に走れば、どれだけ国防費を急増させ、軍需を招くのだろうか。**

かつて第二次世界大戦の巨大な軍需発生で米国経済は蘇った。しかし、昨今の新しい産業革命に裏打ちされた軍拡は、その投じられる金額の大きさは第二次世界大戦の比ではないだろう。天文学的なマネーが国防産業に押し寄せると予想される。

世界経済はヒト、モノ、カネが自由に行きかう国境（領土）のない市場ではなく、科学技術の進歩と軍事的な緊張がもたらす新しい次元の巨大市場が目の前に出現しつつある。

3節　兵器市場で台頭する新たな「勝ち組」韓国、北朝鮮、トルコ

●ウクライナ戦争で世界4位の軍事大国を目指す韓国

ウクライナ戦争は米欧の国防産業だけでなく、世界の軍事産業国家の成長を牽引している。その先頭を走るのが何と、韓国と北朝鮮だ。両国の兵器が猟犬のようにウクライナの戦場で暴れまわっていることを知らない人が多い。両国は、ウクライナ戦争で兵器の輸出競争を繰り広げているのだ。韓国は欧州側に、北朝鮮はロシア側に「空前の規模の兵器」を供給している。

まず韓国の攻勢からみてみよう。

ポーランドなどの東欧や北欧諸国は、ウクライナ戦争をキッカケに国防強化に動いている。ただ肝心のドイツやフランスの国防産業はウクライナ支援に全力を挙げているため、東欧・北欧諸国の急増する防衛ニーズに満足に応えられない状況が続く。東欧諸国の間では「兵器の供給パートナーを独仏に依存していて、この先、大丈夫なのか」という疑念が生じている。そこに現れたのが韓国である。

「まさにレオパルトではないか」

韓国がポーランドに売りこんだ戦車「K2」をみて驚きの声が上がった。ポーランドは、これまで戦車をドイツの輸出に頼ってきた。しかし、ドイツの軍需生産低下や納期の遅れをみて、韓国製戦車に白羽の矢を立てた。外見がドイツの誇る戦車「レオパルト」に似ているだけではなく、機能も優れ価格面もレオパルトより三割以上安く抑えられたともいわれる。

ポーランドに輸出された韓国製の戦車「K2」

「レオパルト2」は、「第三世代MBT」という戦車の先進モデルを達成した最新鋭戦車だ。1500馬力を超えるエンジンに口径120ミリクラスの戦車砲と射撃統制システム、強化繊維などを使用した複合装甲などが特色だ。だが、韓国の「K2」戦車がすべて「第三世代MBT」の基準をクリアできたわけではない、と多くの軍事関係者はみる。

それでも、戦争危機に備えるポーランドが注目したのが、兵器の「納期」問題だ。平時でもドイツは、2018年にハンガリーが発注した新型戦車レオパルト44両をまだ1両も納入できていないといわれる。さらにウクライナ戦争では、せっかく輸入の合意にこぎつけても兵器生産が遅く、防衛の第一線に投入できる日が遅れるという、兵器産業としては致命的なミスが繰り返されるのを見てきた。

ポーランドが韓国から輸入するのは「K2」戦車1000両に、「K9自走砲」672両だ。しかも最初の「K2」180両はポーランドで現地生産する。これは韓国の戦車製造技術がポーランドに移転されることになり、ポーランド政府にとって歓迎すべき事態となる。金額も桁外れだ。今回の兵器売却で、合計約1兆1000億円規模の巨大な取引になるという。韓国の軍事製品の調達はさらに広がる気配だ。

ノルウェーでも、新たな主力戦車の有力な候補として韓国製の「K2」戦車が浮上している。さらにスロバキアなど東欧諸国でも、旧式のソ連製戦車「T72」に代わる選択肢について韓国と協議を進めている模様だ。これまで東欧諸国はウクライナ支援のため、旧ソ連時代の古い戦車多数を引き渡しており、新しい戦車の調達は喫緊の課題なのだ。

これに驚いたのがドイツの国防産業である。欧州の王座として君臨したドイツ製戦車が韓国製戦車の台頭によってその座を奪われていく。欧州の標準車両にまでなったレオパルト2戦車が韓国製戦車に駆逐される。これは今後の欧州防衛にとっても「あってはならない事態」(ドイツ外交関係者)なのだ。なぜなら防衛品の輸出は、単なる輸出では済まされない。輸出した防衛品のメンテナンス、機能向上も輸出国が担い、輸入国の安全保障の一端を支える役割が出てくる。

つまり**兵器の輸出を通して、その国の安全保障を握る**ことになる。

米国が建国以来、兵器輸出に国力を注いできたのはそのためだ。米国防総省の戦略家、トマス・バーネット氏が指摘するように、「兵器輸出とは安全保障の輸出」なのだ。韓国の防衛産業の視線も同じだ。

韓国は兵器の輸出を単なる殺傷兵器の製品輸出と捉えていない。「兵器の持続的な輸出を通して、相手国の安全保障の戦略的なパートナーの地位をいかに築くかに腐心している」と日本の外務省筋は分析する。

NATO加盟国は30か国を超える世界最大の集団安保体制のグループ国だ。この巨大市場が動き出しているのだ。

韓国製兵器の破竹の勢いは続く。

北欧のフィンランドやバルト三国のエストニアは、韓国製自走砲「K9」の輸入を決めた。ノルウェーもすでに韓国製自走砲の輸入で合意している。

こうした韓国製兵器の輸出拡大に韓国の尹錫悦《ユン・ソンニョル》大統領は、「2027年までに世界の兵器市場で4位になる」との目標を掲げた。4位とは米国、ロシア、中国に次ぐ軍事大国になるという意味だ。

韓国の防衛産業の輸出額は2022年ベースで173億ドル（約2兆5000億円）を突破する。これは20年の約5・7倍に達する。韓国の売り物だった半導体産業には及ばないが、伸び率は高く、軍事的な緊張が世界で高まる中で将来性が期待されている。逆にこれまで輸出を牽引してきた半導体産業や電機産業は中国市場の衰退で苦戦が続く。韓国を代表するサムスン電子は2023年12月期通期業績で、半導体の営業損益は約1兆6000億円の赤字と過去最大となった。

これは輸出がGDPの多くを占める韓国経済にとって大きい痛手となる。

このため、新たな輸出産業として軍事産業振興に活路を見出しているのだ。

そして尹大統領は、日本を尻目に「政府は**防衛産業について経済成長を牽引する戦略産業として育成**する」と明言する。

戦争経済のダイナミズムが躍動する韓国。今年2月には申源湜《シン・ウォンシク》・国防相が、イスラエル・ハマス戦争で危険が高まる中東地域のサウジアラビアなどを訪問し、弾道ミサイル迎撃システム「天弓2」の大型商談を進めているという。

ウクライナ戦争で見えてきた、新たな世界経済の「勝ち組」ストーリーだ。

●ウクライナ特需で経済成長する北朝鮮

北朝鮮の特需も凄まじい。

まず、ロシアに対する北朝鮮の兵器供給の支援規模は大きい。弾道ミサイルをロシアに輸出し、ウクライナ戦争でロシアが依存していることは1章で述べた。

100万発を超える砲弾からミサイルまで、旧式兵器を含めロシア軍に大量に供給している。

その中には質の悪い兵器弾薬も少なくないが、武器の枯渇するロシア軍にとって喉から手が出るほどの必需品となっている。

大量の武器を搭載した貨物列車が、北朝鮮の豆満江駅からロシア沿海州のハサン駅、極東の大都市ウラジオストク駅を経由して、シベリア鉄道でロシアに運び込まれる。シベリア鉄道は北朝鮮とロシアを結ぶ大軍事回廊になっている。

米国は北朝鮮の武器のルートを把握しており、米国家安全保障会議（ＮＳＣ）のカービー戦略広報調整官は、これまでもロシアが北朝鮮から20種類以上の武器や軍需物資を調達していることを明らかにしている。

北朝鮮の取引相手は、「ワグネル」などロシアの民間軍事会社のケースも多い。民間軍事会社は外貨を大量に保有しており、北朝鮮の望むドルなどの外貨を供給できる。ロシア向け兵器の大量発注で、北朝鮮国内の軍需工場はフル稼働し、この特需が北朝鮮の経済を動かし始めている。国際的な制裁に苦しんできた北朝鮮だが、ウクライナ戦争の軍需に飛躍の好機をみつけ、経済成長の花道を開こうとしている。

北朝鮮は中国と同じく、正確な経済データは発表していないので詳細はわからないが、ブルームバーグは「北朝鮮は10年ぶり高成長か、兵器取引で経済好転」と伝えている。

北朝鮮では、韓国より一足早く軍事産業の成果を国全体で享受しているのは確かなようだ。

国連は国際法違反の北朝鮮の武器輸出を非難する。国連安全保障理事会では、２０２４年１月

10日の会合で北朝鮮のロシアへの武器輸出を非難する声が相次いだ。

ロシアが北朝鮮から調達した弾道ミサイルでウクライナを攻撃したのは明白だからだ。韓国の黄浚局《ファン・ジュングク》国連大使は、「北朝鮮は、ウクライナを核兵器の搭載が可能なミサイルの『実験場』にしている」という。

しかし、北朝鮮の金星《キム・ソン》国連大使は、「無根拠の非難」と反発する。

むなしい国連の論議が続く間に、北朝鮮のロシアへの兵器大量輸出のパイプはさらに太くなる。

そしてその見返りに、ロシアは「極超音速ミサイル」の技術を北朝鮮に供与し、北朝鮮は日本近海で「極超音速ミサイル」の発射実験を繰り返す。ちなみに極超音速ミサイルも日本のマスコミが一切報じていない中で、その開発構想を日本で紹介したのは2013年に出版した拙著（『空を制するオバマの国家戦略』）だった。手前みそで恐縮だが、そこでオバマ政権が核兵器廃棄を目指す代わりに新たな抑止力として開発を進めた、マッハ4以上の極超音速で24時間以内に地球上のどこでも攻撃できる「全地球即時攻撃」（CPGS：コンベンショナル・プロンプト・グローバル・ストライク）構想を伝えた。この米国の非核型の極超音速ミサイル構想が、ロシアや中国が極超音速ミサイルの開発を急ぐきっかけとなったという。

戦争経済は、制裁に苦しんだ国も「低級の兵器輸出」であっても、その恩恵を独裁専制国家に与え、軍備を怠った民主国（ウクライナ）を苦しめている。

宗谷海峡を西進するロシア海軍の潜水艦、ボスポラス海峡でも確認されている〈防衛省提供〉

●ドローンで躍進のトルコ・海峡王国の決意

そしてウクライナ戦争は、ドローン戦争の大きな実験場となった。この世紀のドローン戦争で躍進したのは、ロシア帝国と対立したオスマン帝国の後継、現在のトルコ共和国だ。

トルコの軍事ドローン「バイラクタルTB2」は、ウクライナ軍に提供され、ロシア軍装甲車や巡視船の破壊などに戦果を挙げウクライナ政府も大々的に宣伝した。ウクライナ軍はこれまでに40機以上の「バイラクタルTB2」を購入しており、米軍兵器並みにウクライナ軍の「抵抗シンボル」になった。

ロシア大統領府のドミトリー・ペスコフ報道官は、ウクライナ戦争前から「トルコのドローン輸出が地域の不安定化の原因になる」と警告していたが、果たしてその警告通りの結果となった。ロシア政府はトルコ政府に対し、ウクライナ軍への兵器提供に抗議したが、トルコ政府は「これらは民間企業の製品であり、購入は戦争前に行われていた」と説明し、ロシアの抗議を退けている。ドローンを製造したのは「バイカル・テクノロジ

黒海（ロシア側）と地中海（欧州）を結ぶ二つの海峡

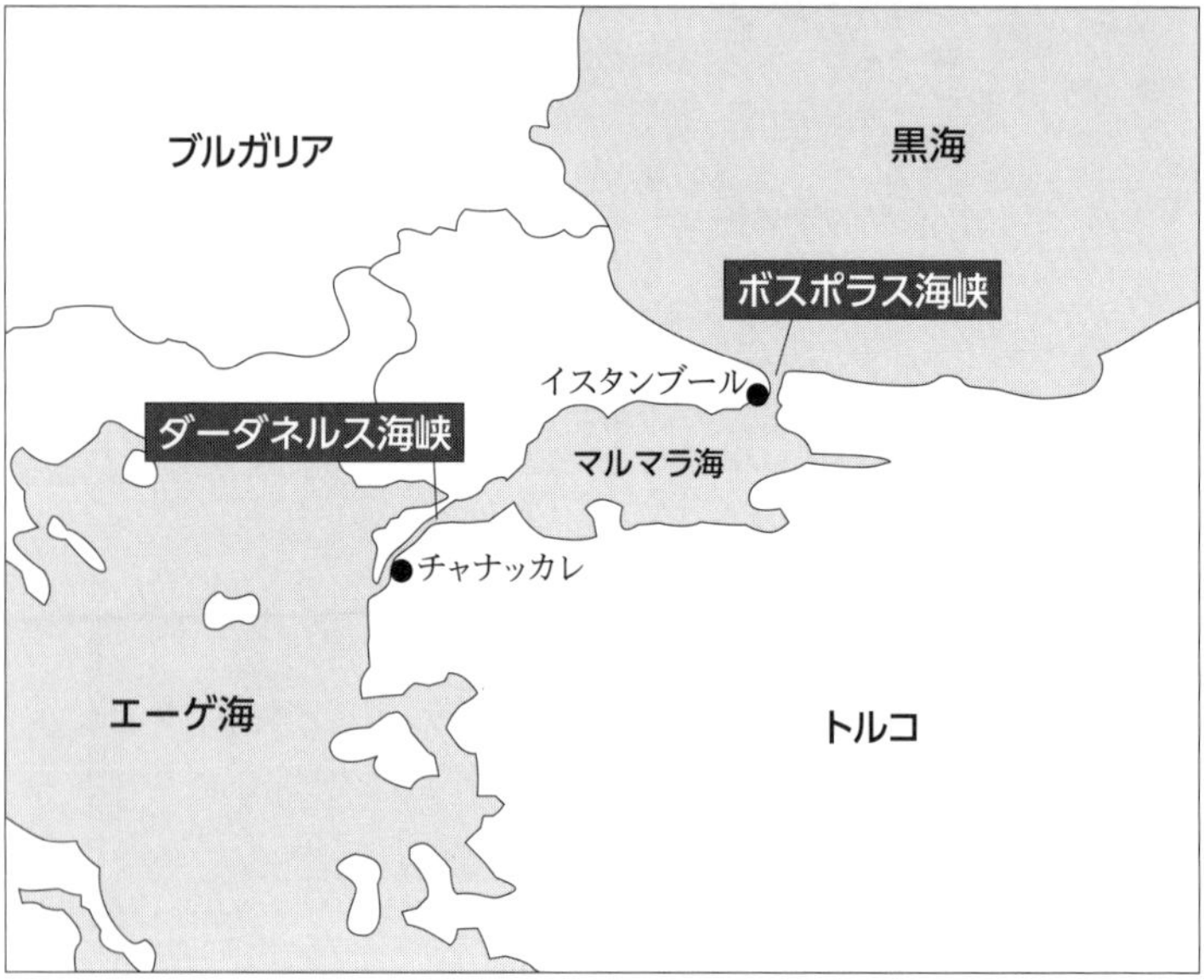

ー」社。本社はトルコの首都イスタンブールにあり、1984年に機械工学の専門家だったオズデミル・バイラクタル氏が創業した軍事企業だ。当初は自動車部品などを製造していたが、無人機ドローンの製造も手がけ販路を伸ばしている。

ウクライナ戦争の戦果が世界に知られ、今では「全世界が顧客になった」という。無人機ドローンのウクライナ戦争での活躍は、「地域の軍事バランスを変える」要素になるとの評価が高まっており、欧州の枠を超え中東やアジア地域からも引き合いが殺到している。

トルコは防衛産業を国の主力産業として育成しており、2023年の防衛産業の輸出高は55億ドルを突破し、前年比27％増の急増ぶりだ。ドローン以外にもトルコの防衛産業は世界各地に兵器を輸出、ケニアには装甲車、フィリピンには軍事ヘリコプター、巡視船は10か国に輸出している。

国防費も2024年は前年比150％増の400億ドルに増加させると、トルコのジェブデット・ユルマズ副大統領が2023年に明らかにした。

トルコのボスポラス海峡とダーダネルス海峡、トルコ政府が管理する二つの海峡。それは地中海と黒海をつなぐ要衝だ。この海峡の通過航行を巡り、これまでオスマン帝国をはじめロシアや英国などが覇権を争い大戦争が勃発してきた。

ウクライナ戦争では、ロシア軍艦艇は自由な航行を求め、ウクライナ政府はロシア艦がボスポラス海峡とダーダネルス海峡を通過して黒海に入るのを禁止するようトルコ政府に求めた。この裁量が戦争の行方を左右しかねない。こうした軍事的な緊張を直視したことが、トルコに冷戦後も防衛産業を国家ぐるみで成長させてきたのだ。

「トルコは平和に胡坐《あぐら》をかけない国だ。今後も戦略的に重要な国々に兵器輸出を拡大したい。兵器の輸出は経済的利益だけでなく、輸出先国と戦略的関係を築き、それが国家間の基礎になるのだ」とトルコ政府の元高官はいう。

兵器輸出は、輸出された国の安全保障を左右する。自動車や家電の輸出とは異なる役割がある。

そしてトルコは今やニッチといわれた防衛産業をハイテク化させ、主力産業に育てる道を開きつつある。伝統的な兵器産業だけでなく、ドローン技術やサイバー技術を駆使した新しい防衛産業に活路を見出している。

ドローン戦争やサイバー戦争の新たな実験場になってしまったウクライナ戦争。この**ドローン戦争やサイバー戦争の新たな開戦が戦争経済をこれまでの伝統的な軍需産業から脱皮させていく。**新しい戦争に勝つためには、従来の重厚長大型の兵器システムの増強だけでは足りない。

サイバー技術やドローン技術を駆使したテック型の新兵器システムへの変貌が求められる。それはテック企業やIT企業、化学から繊維産業まで含めた全産業分野の動員を要求する。そして日本もドローンのような無人兵器を駆使した新しい防衛体制への刷新を求められている。

これから始まる戦争経済を従来の伝統産業だけで考えては、時代の流れを見誤ることになりかねない。それは**全産業の軍事ハイテク化という大革命**を起こしていくのだ。

終章

「トランプ・ショック」が戦争経済に拍車

●ウクライナ戦争がロシアに高度成長をもたらす

これまで、中露同時脅威の出現に警鐘を鳴らした米軍事戦略報告書をきっかけに、世界がグローバル経済から戦争経済に変わりつつある姿を見てきた。

それはロシアと中国という二つの核大国に対峙する「超・冷戦」構造がもたらすものであり、表に出てこないが二大国と米国の戦争危機という恐怖のシナリオが確実に進行していることに他ならない。そして2024年以降の世界情勢は、間違いなくこの二大国の脅威が増すことになる。ということは、戦争経済が本格的に回り始めていくことになる。

しかも、驚くべきことに戦争経済の歯車はロシアでも音をたてて回っている。ウクライナ戦争で疲弊したはずのロシア経済だが、ロシア政府はロシアが経済成長していることを発表した。

2023年のGDP成長率は3・6％増と、2年ぶりにプラス成長に転じた。もちろん、基幹産業である石油や天然ガスが中国やインドなど（一部は欧州に迂回輸出）への輸出を拡大していることもあるが、製造業の伸びが7・5％増と成長を牽引したのだ。ロシアの製造業の主役は防衛産業であり、その関連産業も含め工場がフル稼働したためとみられる。データでみると、火砲や戦車などを生産する機械部門が20％増以上と健闘しており、弾薬などを製造する化学産業部門も5％増と伸びている。

このため労働市場が活発化し、失業率は3・2%とほぼ完全雇用に近い水準となっている。ロシア経済の指標データの信憑性は、欧米諸国のシンクタンクの間でも中国ほど低くはない。中国のような露骨な統計操作を疑わせるようなデータやデータ自体の突然の発表停止、整合性の取れないデータ発表などは散見されないためだ。

ロシアのスベルドロフスク州にある、ウラルワゴンザボード社の戦車工場は24時間稼働している。2024年2月、プーチン大統領は工場を視察し工員を激励、「50万人の雇用」を生み出したと胸を張った。

ロシア経済の見通しに厳しいIMF（国際通貨基金）も、1月末に2024年の成長率を2・6%に上方修正せざるを得なかった。おそらくロシア国内経済の指標を詳細に再検討した結果、成長率の上方修正という結論になったのだろう。

ロイター通信は次のように報じている。

「ロシア連邦統計局が7日発表した2023年の国内総生産（GDP）は前年比3・6%増となり、1・2%のマイナス成長だった22年からプラスに転換した。

ロシアのGDPは財政支出による武器や弾薬の生産に大きく依存しており、ロシア人の生活水準の改善を妨げている問題を覆い隠す格好となっている。

統計局によると、23年の実質可処分所得は前年比5・4%増加。22年は1%減となっていた。

消費需要の主要な指標となる小売売上高は昨年6・4%増えたが、6・5%減だった22年の落ち込みを帳消しにするには至らなかった。ロシアのウクライナ侵攻を受けた西側の制裁により貿易が細り、西側の多くの小売業者がロシア市場を断念したことが響いた。

昨年12月の失業率は11月の2・9%から小幅上昇して3%となったが、労働力不足の問題は依然として解消されていない。

これは3月の大統領選で再選を目指すプーチン大統領が直面する複数の経済的課題の1つとなっている」（ロイター通信、2024年2月8日）

ロシア経済は軍需中心の生産体制でGDPは大きく伸びたものの、欧米諸国の制裁効果で国民の生活所得水準は上がっていないというわけだ。このいびつな成長構造に、ロシア国民がいつまで耐えられるか。ロシア国民は今のプーチン体制の転換を迫っているのかもしれない。

●欧州株価は、史上最高値を更新・防衛大手も牽引

さらに驚くのは、ウクライナ戦争の悲惨な状況とは別に、欧州の株価の好調ぶりだ。

欧州景気は厳しさが続く。欧州委員会は2024年2月15日に公表した冬の経済見通しで、ユ

ーロ圏20か国の実質成長率は0・8%で、1%に届かなかった。しかも前回から0・4ポイント下方修正した。

しかし、防衛産業を多数抱えるフランスやドイツの株式市場では、株価が史上最高値を更新している。フランスの主要な株価指数である「CAC40」が、2月21日まで6日連続で続伸し最高値を更新した。終値は前日比16・87ユーロ高の7812・09ユーロだった。終値ベースで年内に8000ユーロを突破し、史上最高値を更新するのは確実とみる向きが多い。

フランスは欧州の防衛産業のメッカであることは、これまでも書いた通りだ。

軍事輸出額は過去最高となっている。国内では仏防衛産業の巨人といわれるタレス・グループは、売り上げの5割超を防衛関連システムが占める重要な収益源となっているが、同社株はウクライナ戦争開始後に株価が上昇し続け、一時は139ユーロと140ユーロにまで迫った(2024年に入り、株価は168ユーロまで上昇している)。

また、CAC40の代表銘柄であるエアバスも代表的な軍需企業で、ボーイングと同じように民間航空機メーカーであると同時に宇宙軍事部門を持つ。同社は欧州で1、2位を争う兵器産業EADSの子会社であり、欧州の主力戦闘機「ユーロファイター」のメーカーでもある。市場では防衛部門の業績が注目を集め、エアバスの株価は2月27日に148・16ユーロと史上最高値を更新、3月27日には171ユーロをつけた。また戦闘機「ラファール」を製造するダッソー・アビアシオンの株価も健闘している。

こうした状況を受けてドイツの株価指標であるドイツＤＡＸも史上最高値を更新している。２０２３年は通年で20％も上昇したのだ。ブルームバーグ通信は、２０２３年12月29日に「独ＤＡＸ、欧州株指数を上回る20％高――２０１９年以来の大きな年間上昇率」と次のように報じた。

「ドイツ株価指数（ＤＡＸ）は年間で20％上昇して今年の取引を終えた。２０１９年以来の大きな上昇率となった。

欧州の主要株価指数であるストックス欧州６００は通年で13％上昇。ＤＡＸはそれを上回った。

ＤＡＸは今年12月11日に過去最高値を更新した。ポイントで見た年間の値上がり上位にはソフトウエアのＳＡＰやエンジニアリングのシーメンスが、値下がり上位には製薬会社バイエルやメルクが入った」（ブルームバーグ、２０２３年12月29日）

２０２４年に入っても株価の好調は続いており、２月６日にはＤＡＸ指数は０・76％上昇し、過去最高値を更新、その後も最高値を更新し続けている。

もちろん、株価牽引は日米と同じく半導体銘柄とみられるが、これを後押ししているのはシーメンスやラインメタルなど重工業企業だ。シーメンスはドイツ重工業界の老舗大メーカーであり、防衛関連製品の生産を手掛け、最近では米国防総省の支援企業として脚光を浴びている。また健闘が目立つのは防衛大手のラインメタル。その株価は終値ベースで2022年末と比べ、24年5月末では2・8倍に上昇している。ラインメタルはレオパルト戦車を生産しており、その需要は高まる一方だ。同社はNATO諸国が国防費を急増させる中で、活躍が期待できる銘柄の一つとして人気を集めている。

欧州では防衛銘柄中心の上場投資信託（ETF）も相次いで組成されており、防衛関連株は環境関連銘柄をしのぐ人気との指摘もある。欧州の国防銘柄は第二次世界大戦後、「最高のスーパーサイクルに突入している」（米国投資銀行のアナリスト）という。

まさに中国バブルより国防バブル。株価はバブル経済の先行指数ともいわれるが、本書で明らかにした戦争経済シフトが欧州でも鮮明になってきたのではないだろうか。

●23年ぶりの高金利でも好景気が続く米国の秘密

ウクライナ戦争は2年以上が経過して、米国の経済も好転している。

米FRB（連邦準備制度理事会）の度重なる利上げで政策金利が5・25%～5・50%に上昇し、23年ぶりの高水準だ。失速懸念が高まった米景気は、利上げの圧力を跳ね返し景気の好循環を実現している。

多くのエコノミストは「これだけ短期間の利上げでもNY株が最高値を更新し、景気が失速しない理由がわからない」と口をそろえる。

経済学の教科書では、「利上げ↓株安、利上げ↓失業率悪化」が常道だ。ところが、今の米国経済は「利上げ↓株高、利上げ↓失業率改善」と逆さまだ。

この理由をマクロ経済学的にどう解釈すればいいのだろうか。ヒントは米鉱工業生産のデータにある。

日米の政策金利の推移

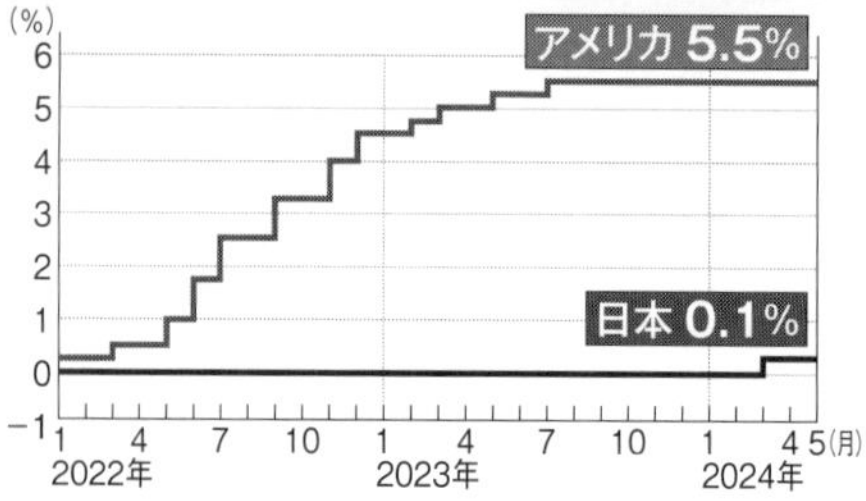

ＦＲＢの統計によると、米鉱工業生産のうち防衛・航空宇宙産業の生産は過去2年間で約17％増加した。つまり防衛分野を中心に、米国内の生産が急増しているのだ。
また設備投資の増加を分析すると、牽引しているのは欧州からの発注だ。これまで見てきたように、世界最大の軍事同盟ＮＡＴＯ軍が軍備増強に動き始めた（7章参照）。それが巡って、米国の欧州向け輸出を押し上げていると推測される。
途上国とは異なり、ＮＡＴＯは資金も豊富で兵器の要求水準も高い。米国製の高額兵器の購入が選択肢に浮上する。欧州からの発注は、迎撃ミサイル「パトリオット」の大量発注に象徴されるような一括発注が相次ぐ。
また、仏独の両国は自国の生産能力増強に力を注いでおり、そのためにも米国からの製造設備の輸入に懸命だ。「1年間で10年間分の設備輸出を求められている勢いだ」と米国商務省の関係者は明かす。

10年分の設備需要が1年で押し寄せれば、その経済的な効果は絶大だ。当然、米国の景気全体を押し上げることになる。

もちろん、米国の労働者の雇用は高齢者も含めて改善か、むしろ逼迫状態にさえある。退職した高齢者まで臨時雇用をして駆り出し、彼らが多くの軍需工場で働くという構図は第二次世界大戦でもなかったことだ。

●戦争経済の秘密を暴露したヌーランド米国務次官

そして2024年2月、西側のメディアが仰天するようなニュースが流れた。日本のメディアは報じていないが、ウクライナ戦争を推進してきた米国務省のビクトリア・ヌーランド次官（政治担当）はウクライナ戦争が米国にもたらす経済効果について爆弾発言を行ったのだ。

共和党が多数派の米下院議会で60億ドルのウクライナ支援を阻んでいることに業を煮やしたヌーランド次官は、

「ウクライナ支援の巨額マネーは兵器生産のために米国に還流し、米経済を豊かにしている。このことを忘れてはいけない」と、2月末の米CNNのインタビューに本音を打ち明けてしまった

ウクライナ支援に関する爆弾発言で2024年３月に更迭されたヌーランド国務次官

のだ。

つまり、ウクライナ戦争への支援は、共和党議員が反対するように米国民が損をする話ではなく、逆に米国経済を豊かにし米国民に雇用をもたらす経済効果があると強調したわけだ。

しかも「米国の40州もの地域で高い収入の雇用を生んでいる」とまで付け加えるほどの力説ぶりだった。

これはワシントンの中枢に衝撃を与えたという。少なくとも、ウクライナ支援の正当性を国際社会に訴える立場にある米国の外交トップが行う発言ではなかった。

まさに戦争経済の本質を暴露した発言ともいえるのではないか。その秘密を、ロシアの侵略に対抗するウクライナ戦争を支援した米外交の主役が自ら語った格好になった。ウクライナを支援する米シンクタンクは女史の発言を掲載しているが、世界への衝撃の大きさに米民主党寄りのCNNは、このインタビューを流し続けることはやめたようだ。

そして、ヌーランド女史が米国務省から去るのに時間はかからなかった。同時にドイツ軍空軍幹部がクリミア大橋爆破の謀議を進めたとの情報も流れた。

ヌーランド女史と二人三脚でウクライナ支援を続けたアントニー・ブリンケン国務長官は３月

5日、突如ヌーランド女史の国務省の次官退任を発表したのである。実質上の更迭ともいえ、この人事は電光石火の速さだった。

米国の経済紙、ウォールストリート・ジャーナルは「米景気を押し上げる欧州の戦争」との記事で2024年2月20日、次のように報じた。

「ロシアのウクライナ侵攻以降の2年間、米国の防衛産業は武器・弾薬の受注でにわか景気に沸いてきた。米国防総省からだけでなく、自国の軍事力を増強しようとする欧州の同盟国からも取引が舞い込んでいる。米国防総省は防衛機器メーカーから新たな(兵器製造)装置を購入し、ウクライナへの供給で大幅に減った軍事関連在庫を補充している。

複数のバイデン政権当局者は、950億ドル(約14兆2500億円)の対外支援法案に盛り込まれたウクライナ向け追加支援607億ドルのうち、64%が実際には米国の米防衛産業に還流する見通しだと述べている。

ホワイトハウスのラエル・ブレイナード国家経済会議(NEC)委員長は14日のインタビューで、『それは誤解されていることの一つだ。支援の拠出が米国各地の雇用や生産にいかに重要かということだ』と述べた」(ウォールストリート・ジャーナル、2024年2月20日)

2024年はヌーランド女史の予測通り、欧州からの軍備発注はさらに拍車がかかりそうだ。ウクライナの戦況が悪化すれば、ロシアの剣はさらに欧州に挑みかかる。バルト三国はすでにその照準に入っている。NATO事務局は防衛費の基準としてGDP比2％を掲げるが、2024年達成する見込みなのは18か国。ほかの13か国は2％目標にも到達する見込みすらない。だが、この13か国も欧州内の世論に動かされ軍備増強に励むだろう。

200兆円のNATO国防費が一斉に動き出すのだ。

「米国は防衛費を相応に負担しないNATO加盟国は守らない」。ドナルド・トランプ氏が2024年1月、選挙期間中に放った言葉だが、防衛努力をしない欧州を米国は助けない、という方針はトランプ氏の持論でもある。

トランプ氏の登場に欧州諸国はショックを受け、さらに軍備増強に走る。トランプ氏が大統領職に復権すればGDP比2％の基準達成でも不足かもしれない。つまり、**トランプ氏の発言が皮肉にも欧州の軍需拡大を促し、米国の防衛産業をさらに潤す**ことになる。

さらに、エネルギー大国としても米国の産業が急浮上している点も見逃せない。ロシアのウクライナ侵攻以降、米国でLNGの輸出が急拡大中だ。主にロシアからのガス供給を禁輸した欧州からの輸入の引き合いだ。米国は2023年、欧州への輸出急増を軸に世界最大のLNG輸出大国になった。その輸出規模は2030年までには倍増するという。

これは米国の景気拡大につながる。

●トランプ・ショックで戦争経済は本格化する

軍需産業で欧州の次に成長が見込まれるのは、アジア市場だ。

経済的に困窮した中国は、さらに周辺国を軍事的に威嚇するだろう。台湾危機が高まればインドや東南アジア諸国の軍備増強もさらに高まる。こうした状況を冷静に分析すれば、米国をはじめ世界は戦争経済へ車輪が大きく回り出したといえる。

それがＦＲＢの相次ぐ利上げでも、米国景気が後退しなかった理由の一つに考えられるのではないだろうか。

そして11月の米大統領選挙。トランプ氏は海外の米軍撤退に熱心だと伝わり、ＮＡＴＯ脱退の警告発言も世界を揺るがした。その結果、どうなるだろうか。

回答は明らかだ。

欧州が歴史的な大軍備増強に命運を懸ける。欧州だけではない。日本やアジアの同盟諸国も安穏にはしていられない。防衛力の増強に走らざるを得ないだろう。

海外に拠点を置く米軍の撤退。

米軍駐留経費の増額要求。

米国製兵器の大量受注。

つまり、結果的には**トランプ氏は米防衛産業の最大のセールスマン**になっていくのだ。**「トランプ・ショック」で世界は戦争経済が本格化**する。

たしかにトランプ氏はウクライナ支援の停止を求めるだろう。しかし、それは「平和の福音」ではない。ウクライナの一部がロシアに再び併合されれば、ロシアと欧州の軍事的な対決は深まり、いやが上にも欧州の軍需生産の大車輪を回さざるを得ない。

戦争経済はさらに深まるのだ。

●グローバル経済のトリレンマと戦争経済

そして戦争経済への航海は、グローバル経済の弊害を乗り越える海路を示すかもしれない。

長年のグローバル経済の拡大で苦しんできた先進国の多くの労働者層。

安い賃金と資源を求めて国境を超えるグローバル経済によって、先進国の労働者は繁栄から取り残され賃金低下や失業の憂き目にあった。米国のトランプ前大統領の熱烈な支持層はこうしたグローバル経済の繁栄の陰で雇用を奪われ給与カットの惨状に追い込まれた大量の労働者たちだ。

グローバル経済の拡大を追求するあまり貧富の差は拡大され、近代社会の基盤となる国民国家や民主主義を犠牲にしてきたともいえる。

「グローバル経済のトリレンマ」

米プリンストン高等研究所のダニー・ロドリック教授はグローバル経済の宿痾《しゅくあ》をこう指摘した。**グローバリゼーション**の追求は、欧米諸国で**国家主権**（national determination）、そして**民主主義**（democracy）の3つを同時に追求することを許さず、どれか一つを犠牲にするトリレンマを強いているという。つまり、グローバリズムの追求は、貧富の差を拡大し民主社会の基盤を損なうリスクが高まる。結果的に国民国家と民主主義の基盤維持と両立しないという危機感だ。

「もし民主主義のある国民国家を望むなら、グローバル経済の進展と決別しなければならない」

ダニー・ロドリック教授はこう警告する。

皮肉なことに、戦争経済の台頭がグローバル経済を片隅に追いやり、国民国家と民主主義が回復する道筋も見えてくるかもしれない。なぜなら戦争経済の主役は国民国家であり、国防は国民によって支えられなければならないからだ。

ウクライナ戦争に送り込まれるミサイルの一部は米国で退職した高齢労働者が深夜労働で生産したものであり、米国の雇用状況の底上げに役立っている。それだけではない。米軍に供給する半導体供給網の再編で始まった日本の半導体産業の復興の波は、日本の地方（熊本県）の高卒の若い人材にも高い賃金を提供し、「金の卵」に蘇らせている。

戦争経済は脅威国との経済の分断でさらに加速しており、グローバル経済でコスト要因と切り捨てられた先進国の労働者層に、戦争経済の進行で新たに光が当たり始めているのだ。中国を排除する世界的なサプライチェーンの改革で、日本国内の工業団地に新たな胎動が始まる。日本企業の国内の生産回帰に続き、同盟国や友好国のハイテク外資企業の直接投資も始まる。そしてこれは長期的に日本の産業基盤の強化と向上につながり、戦時の軍需物資の供給力の拡大となり、国防力を高めることになる。自国だけでなく同盟国の防衛力を増強し、侵略を繰り返す中国やロシアという覇権国の暴発を抑止することになるのだ。

戦争経済とは、戦争を抑止する最善の方法だ。軍備を蓄え抑止力を高めれば侵略国の無謀な戦争発動を牽制できる。トランプ政権の大統領補佐官だったハーバート・マクマスター元米陸軍中将は「戦争を未然に防ぐのは戦争するよりはるかに安上がりだ」という。

侵略国の「平和攻勢」にそそのかされ、自国の軍事生産を放棄し砲弾切れでロシア軍の軍靴に踏みにじられる惨状を繰り返してはならないだろう。

●「ビビ・トランプ枢軸の復活」か

トランプ氏はバイデン大統領と異なり、イスラエルのネタニヤフ首相とは盟友関係に近いといわれる。

パレスチナ自治区ガザを実効支配するイスラム組織ハマスが2023年10月7日に行ったイスラエルへの奇襲攻撃を巡り、「ビビ（ネタニヤフ首相の愛称）は準備不足だ」とトランプ氏はネタニヤフ首相を批判するが、同10月のフロリダ州での支持者集会では、イスラエルは「非常に大きな勢力、イランと戦っている可能性がある」とネタニヤフ首相にエールを送った（ロイター通信）。

実はネタニヤフ首相が最も警戒するのは、イランの核開発だ。イランはイスラエルの宿敵であり、ハマスの黒幕とみられている。濃縮ウランの濃度を核開発ができるまでに上げており、すでに核兵器を保有しているという観測さえ出ている。

1981年、「オシラク空爆」が世界を震撼させた。イスラエル空軍によるイラクの原子炉施設「オシラク」の空爆だ。核兵器開発を懸念したイスラエルが突如、イラクの原子炉施設を空爆し破壊した。この空爆を、今度はイランに行うとの懸念が高まっている。

IAEA（国際原子力機関）の調べでは、イランのウラン濃縮度は兵器級に近い60％の濃縮に成功し、その貯蔵量は増え続けており、推定で121キロを超えたという。これは原子爆弾3個分に相当するといわれる。

イスラエルは、2020年にイランのウランを濃縮するナタンズ核施設に工作員を送り込み、破壊工作を仕掛けた。ナタンズのウラン濃縮施設はIAEAの査察の対象だ。一時停止することがあったが、濃縮ウランの生産ペースは再び速まり貯蔵は増加傾向にあるという。イランはその核開発をあくまで平和利用のためであると主張するが、欧米諸国やＩＡＥＡは核兵器保有のための濃縮とみている。

マスコミは知らないが、ネタニヤフ首相がバイデン政権に水面下で「空爆」の協力を打診し続けたが、却下されてきたという。

実は中東の関係者が最も恐れるのは、「ビビ・トランプ枢軸」の復活だ。盟友で親イスラエル右派の支持者といわれるトランプ氏であれば、11月に大統領選で当選すれば「ゴーサイン」を出すかもしれない。というのも、２０２０年の「ナタンズ爆破」事件当時のイスラエル首相はネタニヤフ氏であり、米国の大統領はトランプ氏だった。トランプ氏が大統領に再選されれば、「ナタンズ爆破」事件のコンビが復活する。

ナタンズのウラン濃縮施設は大部分が地下にある。だが、米国製の地中貫通型の強力な爆弾を投下し徹底的に破壊すれば、イランの核武装という野望は阻止できるかもしれない。「オシラク空爆」の歴史が再現することになる。

この戦果をあげれば、ハマス戦争で支持率が急落したネタニヤフ政権の支持率も急回復する可能性がある。

それはイスラエルの高名な歴史学者ユヴァル・ノア・ハラリ氏が指摘するように、「今回のイスラエル人虐殺へのイスラム圏などの反応は、イスラエル人の自分たちは絶滅させられるという恐怖に拍車をかけた」（日本経済新聞、2024年3月31日）からだ。日本人にはわかりにくいが、イスラエル人は世界のどこにいても中東のテロリストによる拉致か殺害の危険を意識しており、その恐怖感情は歴史的な高まりを見せている。

ただ、ロシアや中国の軍事支援を受けるイランは、イスラエルに核施設を空爆されれば報復することは間違いない。

イスラエルとイランとの戦争が始まり、イスラエルを支援する米国はイランとの戦争に巻き込まれる危険も大きくなる。米国の防衛産業はさらにフル回転することになるだろう。

つまり、ウクライナ支援を停止しても、米軍の新たな戦場が中東で始まる危険がある。それはウクライナ戦争よりも規模が大きく、米防衛産業の貢献が求められる戦争になるかもしれない。

ウクライナ戦争を止めることに力を注ごうが、トランプ氏は新たな大規模戦争の火付け役となるかもしれない。**つまり、戦争を止めたはずのトランプ氏がさらに大きな戦争を呼び寄せる。中東か中国か。**

兵器は戦場を求める。ロシアや中国が隣国に対して武力で威嚇する限り、米国はやはり平和の守護神という役回りを演じることになる。

あとがき

●明治天皇の英断「建艦詔勅」

日本はどうして未来に対して悲観的な意見ばかり目立つのだろうか。

中露同時核脅威がリアルに迫っても、日本には立ち向かう力がある。

しかも、この「超・冷戦」という脅威の時代こそが、日本経済を繁栄に導く原動力になるのだ。

「グローバル経済」→日本は「負け組」、中国は「勝ち組」だった。

しかし、

「超・冷戦時代」→日本は「勝ち組」、中国は「負け組」になるかもしれない。

日中逆転は始まっている。その兆候はすでに出ている。

すでに名目経済成長率で日中逆転が起きている。中国の統計の数字を使っても、2023年の名目成長率は日本5・7%で、中国4・6%だ。株式市場の時価総額も逆転する勢いだ。

これからは世界のマネーは日本に集まる。逆に世界のマネーは中国から逃げ出す。こうした傾向はさらに強まるだろう。

経済は好転しても核攻撃を受ければ終わりではないか、と心配する声もあるだろう。

最近では核戦争の脅威が迫る中、日本において核シェルターの準備不足を指摘する声が出てきた。だからと言って、直ちに日本が欧米諸国に遅れていると悲観する必要はない。日本には、世界に誇る大深度地下鉄があり、各県の主要なターミナル駅には広大な地下街が広がる。そこに食糧と放射線を遮断する装置を設置すれば、即座に大規模なシェルター街の原型ができあがる。

これだけのシェルターを短期間に国民に供与できる能力を持った国はほかにはないのだ。

政府がやる気を出しさえすれば、日本はたちどころに世界に冠たる核シェルター大国になれる。

なぜなら、それだけのインフラ技術が整っているからだ。

ある外国の核危機管理の専門家は大阪・梅田駅の地下街を歩いて、その広さとインフラのすばらしさをみて「核の冬に備えているのか」と驚いたほどなのだ。

もちろん実際の核シェルターにするには、さまざまな改良とそれに伴う膨大な資金が必要となる。だが、心配するには及ばない。あまり報道されていないが、日本政府には巨額の含み益が溢れているからだ。例えば、政府が管轄する特別会計の外国為替特別会計だけみても、米国債の保有残高が約1兆1０００億ドル。いまの為替が1ドル１５０円となり、米国債取得時との為替益が40兆円以上ある。日本銀行には株高で膨らんだＥＴＦ（上場投資信託）が約70兆円もあり、日本の年間税収に匹敵する。これは政府の判断で防衛費やシェルター建設などの公共事業に投入できる。

大深度地下鉄では、東京都内を走る地下鉄「大江戸線」はまさに核シェルターには最適だ。30

メートル以上の深さがあり、電磁波パルス攻撃を受けてもパルスは地下にまで到達しない。さらに貴重なビッグデータは、「大江戸線」を掘り進めて地下倉庫を建築すれば安全な場所となる。すでに台湾は人口の2倍以上を収容できるシェルターの整備に成功している。

しかし、最も大切なことは国民が核シェルターに追い込まれないよう、脅威国の攻撃能力を破壊することだ。日本にはそれだけの潜在的な生産力と技術力がある。

ドイツでは自前の核武装論まで起きている。

魂のない政治家の役人答弁。官僚の形式ばかりの行政文書。いつまでこんなものに付き合わされるのだろうか。

日本に眠る潜在力を早く解き放ち、国民に安全と繁栄をもたらすべきではないか。

まずは岸田政権のように防衛増税を主張する前に、日本の近代史を思い出すべきだ。

1893年（明治26年）の明治天皇の「建艦詔勅《けんかんしょうちょく》」がある。

清国（今の中国）の北洋艦隊に新生日本が威嚇され、日本は軍備増強のための予算を組んだが、政府と議会は対立。仲裁として皇室費用の一割にあたる30万円と明治政府の官吏の俸給を一割削減する勅令を出し、将来の戦争に備える軍費を捻出した。

「建艦詔勅」で、明治天皇は次のように述べている。

「在廷ノ臣僚及帝國議會ノ各員ニ告ク。（中略）

朕茲ニ内廷ノ費ヲ省キ六年ノ間毎歳三十萬圓ヲ下付シ又文武ノ官僚ニ命シ特別ノ情狀アル者ヲ除ク外同年同月間其ノ俸給十分ノ一ヲ納レ以テ製艦費ノ補足ニ充テシム」

ここに日清戦争から日露戦争へ続く勝利の道が開かれたのだ。

警視庁公安部がマークした中国人女性秘書を雇い、中国人が一部購入する政治資金パーティに明け暮れ、防衛費を国民増税で賄おうとする一部の自民党政治家や首相とは覚悟がまるで違う。

そして２０２４年11月には、世界の命運を左右する米国大統領選挙が迫る。その候補者であるトランプ前大統領が、第二次世界大戦の名将ダグラス・マッカーサー将軍を尊敬していることはあまり知られていない。

１９５１年４月19日、朝鮮戦争を戦ったマッカーサー将軍は米会議での退任演説でこう触れた。

「日本ほど穏やかで秩序正しく、勤勉な国を知りません。また、人類の進歩に対して将来、積極的に貢献することがこれほど大きく期待できる国もほかに知りません」

（I know of no nation more serene, orderly, and industrious, nor in which higher hopes can be entertained for future constructive service in the advance of the human race.）

このマッカーサー予言を知る人は少ない。

最後に、この本の執筆では米国や欧州の長年の友人や知人、ジャーナリスト諸氏に貴重な知見を多数いただきました。あらためて感謝申し上げます。

また執筆にあたり徳間書店の橋上祐一さん、喝望舎の佐藤克己さんにご協力いただきました。お二方の励ましがなければ執筆することもなかったと思います。

2024年6月

国谷省吾

主な参考文献

・Barry Gewen, “The Inevitability of Tragedy: Henry Kissinger and His World,” W.W.Norton & Company, 2020.
・John J. Mearsheimer, “The Great Delusion: Liberal Dreams and International Realities,” Yale University Press, 2019.
・Jim Scivtto, “The Return of Great Powers,” Dutton, 2024.
・Dani Rodrik, “The Globalization Paradox: Democracy and the Future of the World Economy,” W. W. Norton & Company, 2011.
・Peter Navarro, “Taking Back Trump's America: Why We Lost the White House and How We'll Win It Back,” Bombardier Books, 2022.
・Gilbert Achcar, “The New Cold War: The US, Russia and China From Kosovo to Ukraine,” The Westbourne Press, 2023.
・Chalmers Johnson, “Blowback: The Costs and Consequences of American Empire,” Metropolitan Books, 2000.
・Thomas Bruce, “Future Wars, Today's Technologies For Tomorrow's Wars,” 2022.
・Peter Navarro, “Crouching Tiger: What China's Militarism Means for the World,” Prometheus, 2015.
・“The Drone Wars: Pioneers, Killing Machines, Artificial Intelligence, and the Battle for the Future”, Bombardier Books, 2021.
・David Sanger, “Confront and Conceal: Obama's Secret Wars and Surprising Use of American

Power," Crown, 2012.
・David Sanger, "The Perfect Weapon: War, Sabotage, and Fear in the Cyber Age," Crown, 2018.
・Immanuel Kant, "On Perpetual Peace," Richer Resources Publications, 2012.
・习近平『习近平谈治国理政 第1巻〜第4巻』（外文出版社　２０１８年〜２０２３年）
・习近平外交思想研究中心編『习近平外交思想研究論文集』（世界知识出版社　２０２２年）
・トシ・ヨシハラ、ジェームズ・R・ホームズ（著）、山形浩生（訳）『太平洋の赤い星』（バジリコ　２０１４年）
・ヘンリー・キッシンジャー（著）、伏見威蕃（訳）『国際秩序（上）（下）』（日経ビジネス人文庫　２０２２年）
・ヘンリー・キッシンジャー（著）、森田隆光（訳）『核兵器と外交政策』（駿河台出版社　１９８８年）
・ジョン・ボルトン（著）、梅原季哉（訳）『ジョン・ボルトン回顧録　トランプ大統領との４５３日』（朝日新聞出版　２０２０年）
・中国情勢研究会（編著）『日中衝突』（実業之日本社　１９９８年）
・ポール・ポースト（著）、山形浩生（訳）『戦争の経済学』（バジリコ　２００７年）
・マイケル・ピルズベリー（著）、野中香方子（訳）『China 2049』（日経ＢＰ社　２０１５年）
・ピーター・ナヴァロ（著）、赤根洋子（訳）『米中もし戦わば』（文芸春秋社　２０１６年）
・小河正義、国谷省吾（著）『空を制するオバマの国家戦略』（実業之日本社　２０１３年）
・兼原信克、河野克俊（著）『国難に立ち向かう新国防論』（ビジネス社　２０２２年）
・森本敏（著）『防衛装備庁：防衛産業とその将来』（海竜社　２０１５年）

・布施祐仁（著）『日米同盟・最後のリスク：なぜ米軍のミサイルが日本に配備されるのか』（創元社　2022年）
・兼原信克（著）『安全保障戦略』（日本経済新聞出版　2012年）
・小泉悠（著）『現代ロシアの軍事戦略』（筑摩書房　2012年）
・春原剛（著）『米朝対立』（日経BPマーケティング社　2004年）
・クリス・ミラー（著）、千葉敏生（訳）『半導体戦争』（ダイヤモンド社　2023年）
・月刊誌「軍事研究」（2018年～2024年　ジャパン・ミリタリー・レビュー社）
・『防衛白書：令和5年版』（防衛省）

その他、ブルームバーグ通信、ロイター通信、米ウォールストリート・ジャーナル、米CNN、米フォーブス、日本経済新聞、フィナンシャルタイムズ（FT）、テレビ東京、時事通信、共同通信、NHK、などの報道を参考にさせていただきました。

また、一部Wikipedia他の写真を使用させていただきました。

国谷省吾（くにや・しょうご）

国際アナリスト。東京都出身。早稲田大学政治経済学部卒業後、世界的な経済報道機関に勤め国際部のデスクや中国の支局長を歴任。多くの中国要人を取材した。日本の経済界が対中投資に狂奔した1998年に、『日中衝突』（中国情勢研究会編、実業之日本社）を出版し共産中国の軍事的な野心にいち早く警鐘を鳴らし、日本経済新聞編集委員と2013年に出版した『空を制するオバマの国家戦略』（実業之日本社）で尖閣危機の到来を警告。護衛艦の空母改造や「極超音速」ミサイル時代の到来を予測し、内外の注目を集めた。経済専門チャンネル（CATV）のコメンテーターとしても活躍し、安全保障やマクロ経済を幅広く分析。「脱中国」の流れを基軸に新たなブロック経済圏の新経済戦略を提唱する。

「戦争経済」に突入した世界で日本はどう生きる
グローバル経済終焉後の安全保障とエコノミー

第１刷　2024年７月31日

著　者　国谷省吾
発行者　小宮英行
発行所　株式会社徳間書店
〒141-8202 東京都品川区上大崎 3-1-1 目黒セントラルスクエア
電話 編集(03)5403-4344　販売(049)293-5521
振替 00140-0-44392

印　刷　本郷印刷株式会社
カバー印刷　真生印刷株式会社
製　本　東京美術紙工協業組合

ISBN978-4-19-865826-7